国家教育部人文社会科学一般项目（项目批准号：15YJA630022）
湖北省教育厅哲学社会科学研究重大项目（项目批准号 14zd018）的阶段性成果

人口迁移与县域城镇化研究

江易华　著

经济科学出版社

图书在版编目（CIP）数据

人口迁移与县域城镇化研究/江易华著. —北京：经济
科学出版社，2016.4
ISBN 978 - 7 - 5141 - 6903 - 4

Ⅰ.①人…　Ⅱ.①江…　Ⅲ.①人口迁移 - 研究 - 中国
Ⅳ.①C922.2

中国版本图书馆 CIP 数据核字（2016）第 086959 号

责任编辑：袁　溦
责任校对：隗立娜
责任印制：邱　天

人口迁移与县域城镇化研究
江易华　著
经济科学出版社出版、发行　新华书店经销
社址：北京市海淀区阜成路甲 28 号　邮编：100142
总编部电话：010 - 88191217　发行部电话：010 - 88191522
网址：www. esp. com. cn
电子邮件：esp@ esp. com. cn
天猫网店：经济科学出版社旗舰店
网址：http://jjkxcbs. tmall. com
北京密兴印刷厂印装
710×1000　16 开　15 印张　250000 字
2016 年 4 月第 1 版　2016 年 4 月第 1 次印刷
ISBN 978 - 7 - 5141 - 6903 - 4　定价：60.00 元
（图书出现印装问题，本社负责调换。电话：010 - 88191502）
（版权所有　侵权必究　举报电话：010 - 88191586
电子邮箱：dbts@ esp. com. cn）

前　　言

　　《人口迁移与县域城镇化研究》是湖北工业大学江易华副教授主持的国家教育部人文社会科学一般项目"适应能力重构视角下的失地农民就业问题研究"（15YJA630022）和湖北省教育厅哲学社会科学研究重大项目"县级政府生态绩效评价——以湖北为例"（14zd018）的阶段性成果。

　　当前我国城市化进程正处于加速阶段，是城市化发展的关键时期。虽然近些年来中国城市化速度很快，但是当前中国的城市化总体质量并不高。最明显的表现就是土地的城市化快于人口的城市化，由此导致大量土地资源用于城市建设，而农村人口转移的目标却并未实现。

　　本书通过城镇化过程中流动人口迁移的现状与小城镇发展的现状分析，结果显示：当前我国人口流动的趋势是人口大量朝沿海大城市集中，这对大城市形成了较大压力，带来了一些问题；小城镇建设是实现中国特色城镇化过程中的重要一环，但规模过小的城镇也不利于发挥城镇的集约效应。因此，本书提出理想的流动模式是发展县域经济，逐步形成县域范围内的劳动力流动。为实现这一理想模式，需要综合的政策引导，探索如何引导人口向县域或小城镇迁移。

　　本书由绪论、七章组成，各章主要内容如下：

第一、第二章，论证"发展县域经济，逐步形成县域范围内的劳动力流动，是中国当前人口迁移的一种理想流动模式"。以"大城市"为政策主导的城镇化模式，推动农村人口向沿海地区集中、向大城市集中，让大量人口注入了大城市，促进了城市化的快速发展，但同时也带来了很多问题，造成大城市发展的高风险。综观新中国成立后几十年的发展历程，我国人口城镇化表现出两大特点：一是人口城镇化率不断上升；二是区域间城镇化发展呈非均衡状态。人口城镇化往往伴随着大量的人口迁移。总体来看，1978年以前中国的城镇化水平低、波动大、进程缓慢，改革开放以后，流动人口和城市化水平均出现了较大幅度的增长。从历史变迁的角度看，我国的人口流向也是在不断地变动着。从空间维度看，不同地区的城乡人口迁移态势差异明显。地区间经济发展水平和市场发育程度的不平衡，决定了人口迁移的基本流向是从农村流入城市，由落后地区迁移到发达地区。随着大都市区的快速成长，大量的流动人口进入珠江三角洲、长江三角洲和京津唐等我国经济发展最富活力的三大都市区。大量人口向大城市集中已经带来一些问题：一是大量农村人口流出导致"空心村"的出现。"空心村"的出现，一方面造成耕地资源的严重流失，另一方面导致农村整体面貌难以改变，乡村人居环境受到破坏。二是大量的人口向中心城市集聚引发"城市病"，包括人口无序集聚、能源资源紧张、生态环境恶化、交通拥堵、房价居高不下、安全形势严峻。未来一段时期，将是我国各大城市"城市病"的集中爆发期，从而可能制约城市的可持续发展。三是给大城市发展带来的高风险。回顾我国小城镇的发展历程，虽然关于小城镇在国家发展和城市化中的地位一直有争议，但从国家战略中可以发现小城镇的地位是不可忽视的。小城镇承担着农村公共服务中心的职能。根据目前的发展态势，即使城镇化的成熟阶段，仍将有 4 亿多人口在农村，多数在中西部，需要中西部县城和小城镇来承担公共服务的职能。但是，规模过小的城镇也不利于发挥城镇的集约效应。从现实来看，小城镇的发展还存在一些不足，而大城市超前增长、大城市进一步发展的动力充足的条件下，既不应该也没必要以大城市作为"政策主导"。本书提出当前中国城镇化道路最优政策重点应向县域倾斜，推动县域经济发展，形成县域范围内的劳动力流动，这将有利于推进城镇化的同时兼顾城乡一体化，全面提高城镇化的总体质量。

第三、第四章，研究发现：县域人口城镇化受到多种因素的影响，突出表现在地区国内生产总值、农林牧渔业人员、城乡收入比三大因素是影响县域人口城镇化的主要内在因素。城市化作为人类社会经济发展的一种普遍现象，是社会生产力发展到一定水平的产物。城市化的基础是经济发展。尽管城市化进程受到自然、经济、人口、政治、文化等诸多因素的影响，但起决定性作用的还是经济因素，经济发展是城市化最基本、最重要的动因。同时，制约引导社会经济发展的各种因素在空间上呈现出非匀质特征。这些不同区域间在社会经济和城镇发展基础条件上是很不均衡的，导致中国城镇化发展存在着明显的地域差异。县域城镇作为我国行政区划的基层区划制度安排，受所在地域的自然地理条件和经济发展水平等的限制，各区域差异较大。当前，人口发展功能区与主体功能区划是我国区划体系的重要组成部分，是编制相关规划的依据。人口发展功能区划，是国家主体功能区划的重要基础和依据，主体功能区划是保障人口发展功能区划落实的重要载体和途径。本书运用 2009 年各省的统计年鉴中的全国县域统计数据，对县域人口城镇化的影响因素进行了因子分析，并建立了回归模型，解释各模型的结果，以人口发展功能区划为基础，结合相关数据进行实证分析，对不同区域的县域人口城镇化进行简要的比较分析。虽然这一研究的数据来自统计年鉴，其中的城镇人口等数据有一定的局限性，但这对我们了解不同区域人口城镇化的影响因素具有一定的借鉴意义。因此，我们可以在不同区域制定相对应的政策体系，以促进人口城镇化的健康发展。

第五章，对鄂州市推进新型农村社区建设的实践展开研究。县域人口城镇化不仅是一个理论问题，更是一个现实问题。从表现形式来看，县域城镇化包括就近城镇化和就地城镇化。近年来，各地在实践中对就地、就近城镇化进行了多种形式的试点与探索。本书对城镇化道路探索中较具特色的湖北省鄂州市新型农村社区建设情况做一分析研究，以期对我国新型城镇化道路发展提出政策建议。

第六章，研究发展农村职教以推动县域新型城镇化。在推进城镇化的进程中，作为农村主体人群的农民出现了阶层分化，当前主要表现为以"传统农民"为主体的在地农民群体、以农民工为主体的非农农民群体、兼业农民群体三大类，我国农民的发展趋势呈现出"传统农民"、"职业农民"、"新市民"并存的状况。新型城镇化是现代化的必由之路，它要求为实现农业现代化培育新型农民、为乡镇企业职工开展特色专业技术培训、为进城农民工开展非农职业技能培训。在农民阶层分化背景下，农村职教发展的机遇与挑战并存。实证分析结果显示：农民群体受教育年限低，并在一定程度上制约了其科技知识的获取；农民职业教育总体需求势头强劲，其培训需求呈现多样化；青年人更愿意接受职业技能培训。新型城镇化的推进，是农民职业教育发展的一大契机，然而，目前我国农民职业教育发展始终未能匹配城镇化发展的步伐，究其主要难点在于农民职业教育是国家、地方、职业院校、农民四位主体共同参与的综合性教育，我国农民职业教育公共理性的缺失以及参与主体的信息不对称，形成了如下局面：国家倡导以公平为核心的价值观、地方政府为维护上级政府的权威而形成以效率为核心的发展观、职业院校推行以利益为核心的办学模式，以及农民为解决生计问题形成的高成本、低效率的农民职业发展之路。为此，本书提出以下应对措施：根据不同农民群体的需求，科学合理定位农村职教的培养目标；进一步激发农村职教推进新型城镇化建设的功能；促进农民人力资源开发和人力资本提升；统筹城乡职业教育，建设具有包容性的现代职业教育发展服务体系；建立以公共财政为主的多元经费保障机制。

第七章，探讨如何促进农村流动人口阶层合理分化，以推进县域城镇化的发展。我国农村流动人口是一个阶层数量庞大并且其内部已经出现分层的群体。通过实证数据和理论分析发现职业、收入方式及权利的变化影响着城镇化过程中流动人口阶层化的发展，这种分化主要通过人际交往圈子、消费模式、价值取向的差异表现出来。但与此同时，这类群体在阶层合理分化的过程中还存在一些现实困境，为此，本研究从宏观和微观两个层面对现有问题进行剖析，进一步分析影响农村流动人口阶层化发展的制度性因素（如户籍壁垒、土地流转制度、劳动力市场制度、社会保障制度等）及微观角度的非制度性因素（个体因素和家庭背景等）。在此基础上，提出促进农村流动人口阶层合理分化以推进县域城镇化发展的政策建议。

本书是在我的博士后出站报告的基础上写成的。在本书的写作过程中，我得到了很多个人和机构的帮助，借此机会向他们表示感谢。

首先，要对清华大学刘精明教授和李强教授表示感谢。非常感谢刘精明教授在量化研究方法方面对我的系统训练与指导，这为我今后从事实证研究特别是量化研究奠定了良好基础。非常荣幸在清华大学从事博士后研究的两年中一直能在李强教授带领的团队中学习与工作，李强教授所带领的团队就像一个大家庭，大家在一起合作非常愉快。本书的写作与完成是在刘精明教授与李强教授的指导下完成的，在繁忙的工作之中，他们仍为本书的选题、研究思路、数据的收集与整理、内容的整合与观点阐述等方面倾注了大量心血与智慧。

感谢清华大学李强教授和刘精明教授带领的研究团队成员，特别是曾经与我一起奋斗的博士后好友陈宇琳、史玲玲、吕涛、胡宝荣、李敏等，在探讨学术、分享心得的过程中，给我带来了大量学术启迪，促我上进。在与胡宝荣、王昊的调研活动中、在与研究团队成员共同参与课题研讨及举办相关学术会议等活动中，让我深深地体会到团结协作的力量。在此，特别表示感谢。

衷心感谢为我的访谈调查和问卷调查提供帮助与支持的

单位、个人及本书注释、参考文献中提到的论文和专著的作者，没有他们的真诚合作，没有他们的研究成果，本书是难以完成的。

在本书的写作过程中，还得到了湖北工业大学经济与管理学院的领导王德发、陈梅花、刘升福、孙浩、张志国、杨霞，及李伟南、王宇波、景思江、徐彬、袁毅阳等同事的理解与支持。在文献资料收集与实证调查的过程中，我的研究生黄欢、何晶洁、鞠欢、喻冰清、潘林凤、雷小雪等为此付出了辛勤劳动。此外，雷小雪参与了本书第七章的撰写工作。在此，真诚地感谢他们。

感谢我先生戴毅斌和女儿戴熠临江对我的理解与支持，你们的爱永远是我最大的动力，支撑我不断前行。

最后，感谢经济科学出版社的编辑人员为本书的出版付出的辛勤劳动。

由于受主客观条件的限制，书中错漏之处难免，敬请专家、学者、同仁批评、指正。

江易华
2016 年 4 月于武汉

目　　录

绪论 ……………………………………………………………… 1

一、研究缘起及研究主题 ……………………………………… 1

（一）选题缘起 …………………………………………… 1

（二）研究主题 …………………………………………… 4

二、概念厘清及诠释 …………………………………………… 5

（一）城市与城市规模 …………………………………… 5

（二）城市化与城镇化 …………………………………… 6

（三）城镇化模式 ………………………………………… 9

三、国内外相关理论研究进展 ………………………………… 10

四、研究思路和主要内容 ……………………………………… 15

五、研究方法及资料来源 ……………………………………… 17

（一）研究方法 …………………………………………… 17

（二）研究样本与资料来源 ……………………………… 18

六、本书可能的创新之处 ……………………………………… 21

第一章　中国城镇化进程中人口迁移的现状分析 …………… 22

一、中国城镇化发展进程回顾与趋势 ………………………… 22

二、流动人口迁移与人口城镇化的主要特点 ………………… 27

（一）城镇化进程中流动人口迁移的主要特点 ………… 27

（二）我国人口城镇化的主要特点 ……………………… 32

三、大量流动人口向大城市集中可能带来的问题 ………… 35

（一）大量农村人口流出导致"空心村"的出现 ……… 36

（二）大量的人口向中心城市集聚引发"城市病" ……… 37

（三）给大城市发展带来的高风险 ………………… 43

第二章　基于县域经济的发展推进人口城镇化 ……… 46

一、不宜以小城镇作为城镇化的"政策主导" ………… 46

（一）我国小城镇发展的基本状况 ………………… 48

（二）我国小城镇发展的特点 ……………………… 50

（三）我国小城镇发展的总结性述评 ……………… 59

二、以发展县域经济为政策重点推动城镇化发展 ……… 61

（一）县域经济的发展为推动城镇化提供动力 ……… 63

（二）县域城镇的特殊地位利于城镇化质量的提升 …… 65

（三）形成县域范围内的劳动力流动更利于

大城市的长期发展 ……………………… 68

三、县域城镇化：新型城镇化的重要实现形式 ………… 71

（一）新型城镇化：以人为核心的城镇化 …………… 71

（二）基于县域经济的城镇化对新型城镇化的作用 …… 72

第三章　县域人口城镇化的影响因素分析 …………… 75

一、区域非均衡发展的理论与实践分析 ………………… 76

二、县域人口城镇化的区域划分 ………………………… 79

（一）经济区域的划分 ……………………………… 79

（二）主体功能分区 ………………………………… 80

（三）人口发展功能分区 …………………………… 82

（四）主体功能分区与人口发展功能分区的比较 …… 85

三、影响县域人口城镇化的经济因素 ……………………… 87

四、内生影响因素的因子分析与自变量的确定 ………… 89

（一）因子分析方法 ……………………………… 89

（二）基于统计数据的因子分析与自变量的确定 ……… 91

第四章 县域人口城镇化的理论模型与实证分析 ………… 96

一、资料说明与指标选择 ……………………………… 96

（一）研究方法与资料说明 ……………………… 96

（二）指标选择与描述性统计 …………………… 97

二、模型的估计与检验 ………………………………… 103

（一）同步回归分析 ……………………………… 103

（二）逐步回归分析 ……………………………… 104

三、实证结果分析 ……………………………………… 106

（一）实证分析的结果 …………………………… 106

（二）推进县域人口城镇化的思考 ……………… 110

第五章 建设新型农村社区：县域人口城镇化的实践探索 ……… 116

一、湖北省城镇化发展的基本概况 …………………… 117

二、湖北省新型农村社区的发展背景 ………………… 121

三、鄂州市新型农村社区建设的实践探索 …………… 125

（一）迁村腾地，节约土地资源 ………………… 126

（二）发挥农业优势，推进新型农村社区建设 ……… 127

（三）工业化带动新型农村社区建设，

推进就地城镇化 …………………………… 129

四、鄂州市新型农村社区建设的政策保障 …………… 130

（一）深化户籍管理制度改革 …………………… 130

（二）完善就业保障制度 ………………………… 132

（三）建立土地合理流转机制，保障农民权益 ……… 133

（四）完善社会保障体系，推进城乡基本

公共服务均等化 ·································· 135

五、以新型农村社区推进就近、就地城镇化·············· 136

（一）新型农村社区建设促进人口就近迁移 ······· 137

（二）鄂州市新型农村社区建设的主要经验 ······· 139

（三）鄂州市新型农村社区建设的政策启示 ······· 140

第六章 发展农村职教：县域人口城镇化的重要途径·········· 142

一、新型城镇化背景下农村职教发展的现实依据·········· 144

（一）我国农民分化的基本类型及其发展趋势 ·········· 144

（二）我国农村职教发展的现实依据 ················· 147

（三）农村职教对新型城镇化发展的推动作用 ······· 151

二、我国农村职教的实证分析·························· 152

（一）农民接受高等教育比例低，专业技术匮乏 ········ 153

（二）农民职业教育总体需求势头强劲，青年人

更愿意接受职业技能培训 ················ 154

（三）农民职业教育需求呈现多样化的特点 ········· 155

三、我国农村职教发展的困境分析·················· 155

（一）国家——忽视了因社会分层导致的

教育的不公平 ···························· 156

（二）地方政府——以效率为目标弱化质量监管 ········ 157

（三）职业院校——以利益为核心缺乏发展后劲 ········ 158

（四）农民——主动与被动的矛盾统一体 ············· 159

四、新型城镇化背景下推进农村职教发展的政策建议········ 160

（一）满足不同农民阶层的发展需求，科学定位

农村职教培养目标 ······················ 161

（二）有针对性地培育"三民"，进一步发挥职教

在新型城镇化建设中的功能 ··············· 161

（三）建立农村人力资本投资制度，为开发农民
　　　人力资源提供政策保障 ……………………… 162

（四）统筹城乡职业教育，建设具有包容性的现代
　　　职业教育发展服务体系 …………………………163

（五）建立以公共财政为主的多元经费保障机制 ……… 164

第七章　促进农村流动人口阶层合理分化：
　　　　县域人口城镇化的着力点 ……………………… 166

一、农村流动人口阶层化与城镇化发展的相关性分析 ………… 166

（一）流动人口阶层化对城镇化发展的正面影响 ……… 167

（二）流动人口阶层化对城镇化发展的负面影响 ……… 168

二、农村流动人口阶层化的形成及表现 ……………… 170

（一）农村流动人口阶层化的形成 ……………… 170

（二）农村流动人口阶层的类型划分 ……………… 172

（三）农村流动人口阶层化的特点 ……………… 175

三、农村流动人口阶层化的困境分析 ……………… 178

（一）农村流动人口阶层化的困境 ……………… 178

（二）农村流动人口阶层分化困境可能引发的危害 …… 183

（三）农村流动人口阶层化健康发展的
　　　阻碍因素分析 ……………………………… 185

四、促进流动人口阶层合理分化，推动县域城镇化发展 …… 191

（一）深化制度改革，拆除城乡壁垒 ……………… 191

（二）统筹城乡经济社会发展，合理吸收迁移人口 …… 195

（三）提升迁移人口素质，助力城镇化建设 …………… 196

附录：村/居委会问卷 ………………………… 199

主要参考文献 ………………………………… 207

绪　　论

一、研究缘起及研究主题

（一）选题缘起

城市化是人类社会发展的必然趋势，是中国摆脱不发达状态、实现现代化的历史任务。随着城市化进程的加快，城市化在社会经济发展中的作用日益重要，城市化的发展状况在很大程度上影响着中国的现代化进程。前世界银行首席经济学家、副行长、诺贝尔经济学奖获得者斯蒂格利茨 2000 年在世界银行的一次会议上说："21 世纪影响人类社会进程的最主要的两件大事：一是美国的新技术革命，二是中国的城市化。"① 而城市化的健康与否，与城市化过程中所采取的途径和方式，即城市化的发展模式有很大关系。

从国内外发展的历史经验来看，采取何种城市化模式，直接关系到城市化的发展绩效。具体到某一地区而言，城市化的发展路径不仅受到其内在规律的作用和影响，而且与所采取的发展模式密切相关。

城市化是现代产业、现代经济发展的必然要求。城市化的历史发端于 18 世纪 60 年代英国的工业革命，在这场革命中，数以万计的破

---

① 吴良镛等：《从世界城市化大趋势看中国城市化发展》，载于《科学新闻》2003 年 9 月 19 日。

产农民从农村迁移到了城市。然而，在工业革命之前，在一个相当长的时期里，世界各国城市发展曾处于十分缓慢的过程之中。从公元800～1800年，世界部分著名城市人口总的来看变化不大，但英国伦敦在1600～1800年间，人口迅速增长，翻了两番以上，这显然与其间所发生的工业革命密切相关。随着产业革命扩展，世界城市人口占总人口的比重是以每50年翻一番的速度增长的。到了20世纪60年代，世界上的工业化国家或发达国家城市人口占总人口的比例已普遍达到较高水平。

新中国成立以来，我国社会经济发展和工业化进程经历了曲折、艰难的历史过程，城市发展方针发生了多次转变，城市化进程也"一波三折"。改革开放以前，市镇建制数量增加很少，1949～1978年建制市的数量仅增加了61个，建制镇则几乎没有增加；但自从改革开放后，随着经济的高速增长，我国城市发展也非常迅速。自20世纪90年代以来，我国的城镇化率逐年上升，平均每10年增长10个百分点。2010年的"六普"数据显示，居住在城镇的人口为66557万人，占总人口的49.68%，居住在乡村的人口为67415万人，占总人口的50.32%。同2000年人口普查数据相比，城镇人口比重上升了13.46个百分点。① 这表明：2000年以来，我国经济社会的快速发展极大地促进了城镇化水平的提高。我国今后一段时期仍将处于城镇化的加速发展阶段。在城市化快速进展的同时，由于自然环境、区位条件、经济发展水平及历史文化等因素的差异，中国城市化发展存在着明显的地域差异。这种城市化的区域发展差异，反映了中国区域开发重点的变化。从长期来看，中国城市化水平的区域变化，与区域经济发展水平的变化是一致的。城市化水平的提高幅度，由东部沿海地区到中部地区、再到西部地区梯度下降。

在新的形势下，党的十七大提出了"走中国特色城镇化道路，

---

① 资料来源：http://politics.people.com.cn/GB/1026/14506891.html，2011.9.21.

核心是促进大中小城市和小城镇发展"的城镇化发展战略,提高城镇化的质量问题受到空前重视。《国民经济和社会发展第十一个五年计划纲要》中明确提出:"促进城市化健康发展,坚持大中小城市和小城镇协调发展,提高城镇综合承载能力,按照循序渐进、节约土地、集约发展、合理布局的原则,积极稳妥地推进城市化,逐步改变城乡二元结构。""十二五"时期是我国城镇化的重要加速期,各地区都在不同程度上进行新型农村社区建设,以此推进城乡一体化进程。

然而,在城镇化推进的过程中,一直存在一些较为明显的问题。最明显的表现就是土地的城市化快于人口的城市化,导致大量土地资源用于城市建设,农村人口转移目标却并没有实现。此外,表现为城镇化过程中出现的"伪城镇化"现象。同时,我国城镇化发展的任务依然十分艰巨。根据当前中国经济发展速度和产业变革趋势,未来20年左右的时间内,将有3亿农村人口向城市和城镇转移,现有城镇数量和城市容纳能力都远不能满足如此巨大的人口转移要求,新一轮城镇化发展的高潮已经来临。

综上所述,城镇化在人类历史进程中的重要地位、当前中国城镇化历史任务的急迫性、城镇发展过程的独特性,以及我国城镇化过程中存在的较为严峻的现实问题,共同决定了本书的重要现实意义和应用价值。因此,在城镇化快速发展的背景下,适应城镇化发展形势的变化,选择科学合理的城镇化模式,对促进城镇化以及社会经济的健康发展至关重要。一个符合城镇化一般规律和本国国情的城镇化模式,有助于减少弯路,自觉而有意识地推进和加快中国城镇化和社会经济发展的进程。

基于上述考虑,本书关注基于县域经济的人口城镇化模式,探讨发展县域经济以逐步形成县域范围内的劳动力流动模式的可行性。实现这一理想模式,需要综合的政策引导,探索如何引导人口向县域或小城镇迁移。

（二）研究主题

本书以县域范围内的人口流动模式为研究主题，从理论上层面分析为什么发展县域经济以逐步形成县域范围内的人口流动是理想的人口流动模式，运用统计数据分析，对县域人口城镇化的影响因素进行因子分析，并构建理论模型，结合以新型农村社区推进县域新型城镇化的案例分析，对推进县域新型城镇化进行对策性思考。

本书将回答的问题是：

（1）中国人口城镇化的理想流动模式是什么？也就是说，中国现有的人口流动模式带来了哪些问题？在当前的国情下，为什么需要发展县域经济以逐步形成县域范围内的劳动力流动？

（2）在县域范围内，影响县域人口城镇化的因素是多方面的。在功能区划背景下，影响县域人口城镇化的内生因子有哪些？

（3）在不同类型的人口发展功能区，人均地区生产总值、城乡收入差距、农业劳动力等因素的变化是否对人口城镇化率的变化有显著作用？根据我国城镇化的实际，从宏观政策角度应如何推动县域人口城镇化的发展？

（4）近年来，各地在实践中对就地就近城镇化进行了多种形式的试点与探索。以新型农村社区推动县域城镇化发展的实践进展与效果如何？为更好地推进县域新型城镇化发展，我们应该着重从哪些方面的设计与完善相关政策内容？即根据个案的分析，从中能给我们什么样的政策启示？

（5）职业教育对推进"物的城镇化"向"人的城镇化"转变起关键性作用。在当前农民内部出现阶层分化的前提下，我国农民阶层分化的发展趋势如何？新型城镇化背景下发展农村职教的现实依据是什么？当前，我国农民职业教育的现状是怎样的？导致农村职教困境的关键原因又是什么？如何对"传统农民"、"职业农民"、"新市民"开展有针对性的职教以推进新型城镇化？

（6）在农村流动人口群体出现阶层分化的背景下，如何促进农村流动人口阶层合理分化以推进县域城镇化？这就需要弄清楚农村流动人口阶层分化对城镇化的作用表现在哪些方面，农村流动人口阶层化的特点及表现及其困境是什么。

二、概念厘清及诠释

概念是研究和论证的基本单位，如何选择或构建相关的分析概念，对我们的研究十分重要。特别是由于目前学术界对于本书中使用的重要概念存在着不同的界定，要求我们必须进行必要说明。为了便于研究和理解，特对本书所使用的几个概念作简要的界定和说明。

（一）城市与城市规模

大量历史记载和考古发现，中外城市的发源和发展已有数千年的历史，但绝大多数人相信，城市化作为一种社会经济发展过程中的结构变迁或转换，它是伴随着工业革命的兴起而初露端倪的，即使从18世纪60年代英国产业革命兴起时算起，这一现象的出现也不过200年的历史。马克思早在1858年《政治经济学批判》中就谈及城乡分离和城市发展并使用了"城市化"的概念，提出了"现代的历史是乡村城市化，而不像在古代那样，是城市乡村化"的论断。由于城市的历史悠久，内涵丰富，人们很难对它做出确切的定义。正如中国学者杜闻贞（1987）所言："古今中外的作者，从历史的、生态的、经济的、决策的、行政的、军事的不同角度论述了城市的本质。"

直观而言，城市是一个地理的、经济的、社会的空间实体，是各种自然要素和人文要素集聚的组织系统。在人类历史的长河中，城市是一个不断发展的空间实体，人们对城市的认识也是随城市的发展而不断深入的。

一般而言，人口较稠密的地区称为城市（city），一般包括了住宅区、工业区和商业区并且具备行政管辖功能。城市的行政管辖功能可能涉及较其本身更广泛的区域，其中有居民区、街道、医院、学校、写字楼、商业卖场、广场、公园等公共设施。在一个区域或国家，因各城市所处的内外条件不同，会形成城市间不同的职能分工，同时也形成不同的城市规模。城市规模是人口、经济、科学技术等在城市的聚集规模，城市规模主要有人口规模和土地利用规模两种表达方法。因前者资料比较容易获得而更为常用。城市人口规模常常是城市极重要的一种综合性特征。现代城市最大的已达上千万人口，小的只有几百上千人。

由于城市人口数量受国内总人口、城市化水平、城市数量、城市分布、社会经济状况等因素的影响，城市人口规模的分级标准相差很大。我国按城市市区非农业人口规模可将城市划分 5 级：超大城市（200 万人口以上）、特大城市（100 万～200 万人口）、大城市（50 万～100 万人口）、中等城市（20 万～50 万人口）、小城市（20 万人口以下）。其中，在我国大城市与小城镇发展战略讨论中，所指的大城市一般指划分标准中的大城市与大城市规模以上的城市。小城镇指县以下的建制镇。

（二）城市化与城镇化

国外关于城市化的概念至今也没有统一的定义（见表 1），较早提出这一概念的是埃尔德里奇（H. T. Eidridge），他认为：人口集中的过程就是城市化的全部含义。人口不断向城市集中，城市就不断发展；人口停止向城市集中，城市化亦随即停止（于洪俊、宁越敏，1983）。兰帕德（Lampard，1964）、麦基（McGee，1971）、弗里德曼和沃尔夫（2004）等提出综合分析方法，认为城市化是社会的缩影，是物质、空间、体制、经济、人口以及社会特征的一种多维现象的反映（阎小培等，1994）。

表1 国外关于城市化的定义

序号	内　涵	资料来源
1	城市化是一个社会城市人口与农村人口相比数量绝对增大的过程	《日本百科全书》
2	城市化（urbanization）是指人口向城镇或城市地带集中的过程。这个集中化的过程表现为两种形式：一是城镇数目的增多，二是各个城市内人口规模不断扩充	《大英百科全书》
3	城市化是指城市在社会发展中作用日益增大的历史过程。城市化影响人口的社会结构、就业结构、统计结构、人们的文化和生活方式、生产力的分配及居住模式	《苏联百科全书》
4	城市化作为国家或区域空间系统中的一种复杂社会过程，它包括人口和非农业活动在规模不同的城市环境中的地域集中过程，非城市型景观逐步转化为城市景观的地域推进过程，还包括城市文化、生活方式和价值观念向农村的地域扩张过程，前者被称为城市化过程Ⅰ，后者被称为城市化过程Ⅱ	弗里德曼，1966

资料来源：何念如、吴煜：《中国当代城市化理论研究》，上海人民出版社，2007年。

　　西方发达国家经典的城市化定义主要有：（1）日本学者森川洋（1989）认为，城市化主要是指农村居民向城市生活方式的转化过程，反映在城市人口增加，城市建成区扩展，景观、社会及生活方式等的城市环境的形成。（2）英国学者帕乔内（Pacione，2003）认为，城市化定义包含三方面的含义：第一，城市化（urbanization），城市人口占总人口比重的增加；第二，城市增长（urban growth），城市和城镇的人口增加；第三，城市生活方式（urbanism），城市生活的社会和行为特征在整个社会的扩展。布赖恩·贝利（Brian J. L. Berry）的代表作《比较城市化：20世纪多元化道路》（Comparative Urbanization：Divergeng Paths in the Twentieth Century），通过世界不同国家和地区城市化过程的比较研究，认识到在20世纪快速城市化过程中，尽管城市化存在很多共性，但是城市化的道路却各不相同，差异主要源于文化背景及发展阶段的不同，并产生了多样化的后果（Berry，1973）。

在中国，理论界对城市化的定义更是呈现出多样化。即使同一学科的不同学者对城市化的定义也不尽相同（见表2）。从简要的角度看，中国城市化（又称城镇化），是指城镇数量的增加和城镇规模的扩大，导致人口在一定时期内向城镇聚集，同时又在聚集过程中不断地将城市的物质文明和精神文明向周围扩散，并在区域产业结构不断演化的前提下衍生出崭新的空间形态和地理景观（顾朝林等，2002）。

表 2   **国内关于城市化的定义**

序号	内　　涵	资料来源
1	城市化是社会生产力变革所引起的人类生产方式、生活方式和居住方式改变的过程	谢文蕙等，1996
2	城市化是指居住在城镇地区的人口占总人口比例增长的过程，即农业人口向非农业人口转变并在城市集中的过程	吴楚材，1996
3	城市化是一个综合、系统的社会变迁过程，它包括城乡之间的流动和变迁、生活方式的改变、经济格局和生产经营方式的变化，还包括整个社会结构、组织、文化的变迁	王春光等，1997
4	城市化是指人口向城市或城市地带集中的现象或过程，它既表现为非农产业和人口向原城市集聚，城市规模扩大，又表现为在非农产业和人口集聚的基础上形成新的城市，城市数量增加	陈颐，1998
5	城市化是指农村人口向城市人口转移和聚集的现象，包括城市人口和城市数量的增加及城市经济社会化、现代化和集约化程度的提高	胡欣等，1999
6	城市化是由工业化发展引起的，伴随着现代化过程而产生的在空间社区上人口、社会、经济、文化、政治、思想等领域变迁演化的一段承前启后的历史分化过程	王振亮，2000
7	城市化是一种产业结构由以第一产业为主逐步转变为第二产业和第三产业为主的过程；是一个以农业人口为主逐步转向非农业人口为主的过程；是由一种自然、原始、封闭、落后的农业文明，转变为一种以现代工业和服务经济为主的，并以先进的现代化的城市基础设施和公共服务设施为标志的现代城市文明过程；是对居民从思维方式、生活方式、行为方式、价值观念、文化素养全面改善和提高的过程	秦润新，2000

资料来源：何念如、吴煜：《中国当代城市化理论研究》，上海人民出版社，2007年。

我们知道，"urbanization"一词一般译为"城市化"，主要用于说明国外的乡村向城市转变的过程。由于"urban"包含有城市（city）和镇（town）①，世界上许多国家镇的人口规模较小，有的甚至没有镇的建制，"urbanization"往往仅指人口向"city"转移和集中的过程，故称"城市化"；中国设有镇的建制，人口规模与国外的小城市相当，人口不仅向"city"集聚，而且向"town"转移，这也可以看成是"中国特色的城镇化"的一个特点，为了表示与外国的差别，有学者把中国的"urbanization"译为"城镇化"。② 本书也采用上述用法，外国的或者一般而言的"urbanization"称之为"城市化"，中国的"urbanization"则称之为"城镇化"。

综上所述，城市化是经济社会发展的产物，其发展进程受多种因素的影响。同时，从城市化的发展过程来看，城市化在不同的发展时期具有不同的特征，同一地区在不同的发展阶段，城市化模式必然有所不同。本书中的城市化或城镇化（urbanization）主要是指第二、第三产业在城镇集聚，农村人口向非农产业和城镇转移，使城镇数量增加、规模扩大，城镇生产方式和生活方式向农村扩散、城镇物质文明和精神文明向农村普及的经济、社会发展过程。

（三）城镇化模式

对城市化内涵的理解，有助于更好地把握城市化模式这一概念。目前，理论界对城市化模式的定义，不同的学者有着各自的表述。简新华、刘传江（2001）认为：城市化模式是社会、经济结构转变过程中的城市化发展状况及动力机制特征的总和。

毛丽芹（2004）认为：城市化模式的含义，简而言之就是一个国家或地区为实现城市化而采取的发展方式，也可以称作城市化道

---

① 《牛津高阶英汉双解词典》（第四版），商务印书馆、牛津大学出版社，1997年，第1673页。

② 辜胜阻：《非农化及城镇化理论与实践》，武汉大学出版社，1999年，第6页。

路。姚士谋等（2004）认为：所谓城市化模式，就是从全局和长远的战略高度予以明确的城市化的本质特征、主要途径、主导方向和动力机制等。曹宗平（2005）认为，城市化发展模式的定义有广义和狭义之分。狭义的城市化发展模式是指城市化进程的途径或方式，或者指推动城市化进程中所采取的某种模式或战略安排。广义的城市化发展模式是指城市化的方向、目标、战略、速度、实现途径及相关方针政策的总称。周英（2006）认为，城市化模式是社会、经济结构转变过程中，由城市化动态演进所表现出来的相对静止稳态和连续变动态的系统结构、动力机制、内容特征的总和。苑林、李继峰（1999）则认为，城市化发展模式的选择，实际上就是城市化发展战略的选择。

以上这些不同的表述，从不同层次和范围揭示了对城市化模式的基本认识。本书认为，城市化模式就是关于城市化路径选择问题的研究。城市化模式可以理解为：是指一个国家或地区城市化的实现途径和方式，它实际上是对特定国家或地区、特定时期城市化的政策选择、表现特征、动力机制和演进过程的概括和总结。①

三、国内外相关理论研究进展

在国内，城市化问题是社会学、公共管理、政治学和许多交叉学科研究的重要主题，自 20 世纪 70 年代以来一直成为学术界的研究热点之一。而城市化的模式、道路问题更是诸多学者争论的焦点，并已取得一系列相关研究成果。目前的发展趋势是主张采取定性与定量相结合的方法，运用实证分析，考虑区域间经济社会发展的不平衡性，探讨符合中国国情的人口城镇化模式。

国外学者关于中国城市化模式的研究重点较多地集中在对中国独特

---

① 盛广耀：《城市化模式及其转变研究》，中国社会科学出版社，2008 年，第 3 页。

城市化模式的探讨上，分析探讨中国城市化的动力和特色，试图解释城市化为何大大慢于其工业化。在这些理论探讨中，形成了许多不同的观点和学说：（1）反城市主义说。这种观点以美国学者为主体，如韦伯和格特（Weber and Gerth，1951）、以费正清（John K. Fairbank）为代表的"冲击—反应"模式和以约瑟夫·R. 莱文森（Joesph R. Levenson）为代表的"传统—近代"模式的美国中国现代史研究团队，他们试图从意识形态领域寻找中国改革开放之前城市化进程缓慢的内在原因，认为政治因素对于中国城市发展起到了巨大影响，但由于他们的分析没有全面考察中国不同时期的各个政策，存在较大的片面性。（2）工业战略说。代表人物有：英国学者柯比（Kirkby，1985）、坎农（Cannon，1990）等。其中，柯比认为中国城市化发展问题并非完全由意识形态所决定，而是深受国家既定的工业化方针的影响。为实现工业化目标，中国将大量资金用于重工业建设，忽略了城市基础设施建设和农村经济的扩大再生产，削弱了城市进一步发展的后劲。坎农进一步阐述了这一论点。总体来说，这种观点没有进一步讨论中国工业化与城市化之间的独特关系，也没有考虑工业化因素之外的其他社会因素。（3）城市二元体系与工农业均衡发展说。一些学者的研究开始综合考虑农业、工业对中国城市化的联合影响（Young and Deng，1989），强调食物的有效供给制约了城市人口的急速膨胀（Tang，1984）。这一学说的核心思想是：中国存在着城市二元体系，即一个源于本国封建后期的传统城市体系和一个受资本主义发达国家影响的城市体系，在这两个体系的相互变化中，可以找到中国城市化缓慢的内在原因。（4）工业化与城市偏移说。认为中国的城市化不足问题，原因在于过分偏重工业化和对已有城市实施大量倾斜性的政策，但忽视了新的农村人口转移、新增城市发展以及乡村现代化等问题。（5）综合说。认为城市化不能仅用人口城市化程度单一指标来衡量，还应该包括诸如城市化程度的时空变异、城市中心的数量和质量的增长、城市中心的性质变化以及城乡关系等，因此，中国的城市过程也是一种需要进行综合研究的复杂过程。如弗里德曼（Friedmann，2006）强调，中国城市化研究首先必须认识到中国是一个拥有古老城市文明的国度，但同时今天所见的城市化过程又是史无前例的，中国城市化过程具有二元性特征；其次，中国城市化是一个多维度的社会，其空间发展过程至少包括历史、经济、社会、文化等七个方面；最后，中国城市化过程虽与全球化过程相互交织，但涉及城乡关系，首先应理解为一种内生过程，这一过程将引导特殊的中国式的现代化。综合说的这种研究思路是现代学术研究的主流，对未来研究中国城市化问题提出了一个新的方向，它要求对城市化问题进行多视角的综合分析。

与此同时，进入 21 世纪，国外中国城市化研究进入新的繁荣期。许多学者分别从不同视角分析了影响中国城市化的多个因素（Scott，2001；Fan，2002；Marton，2000；Shen，2002、2005；Shen and Huang，2003；Zhang，2002；Pannell，2003）。诺克斯和麦卡锡（Knox and McaCarthy，2005）认为，城市化不仅包括城市和乡镇居住、工作人口数量的增加，也是被一系列紧密联系的变化过程所推动的经济、人口、政治、文化、科技、环境和社会等的变化。城市化既受地理条件和自然资源的影响，同时也引起土地利用模式、社会生态学、建筑环境和城市生活方式的改变。政府决策、法律的变更、城市规划和城市管理可能最终解决城市化问题，但由于各种因素轮流影响社会动态平衡，最终推动全面的城市化进程。中国城市化进入快速发展阶段，伴随着巨型城市的增长，要求我们在城市化研究时必须从多维视角关注社会、经济、人口、政治、文化、环境、技术和公共政策等进程与中国城市化结合研究。

国内关于城市化道路的争论在 20 世纪 80 ~ 90 年代最为激烈。自费孝通（1984）发表《小城镇　大问题》一文后，引发了多个学科学者对于城市化道路、城市化发展模式问题的广泛讨论。相当长一段时间内，"小城镇论"、"大城市论"与"中等城市论"一直是城市化模式研究中争论的焦点问题。"小城镇论"者强调依据国情和乡情，一方面考虑到我国的大城市存在诸多城市问题，另一方面意识到在乡镇企业成为吸纳农村剩余劳动力主要渠道的前提下，由于地缘关系紧密，农民进入小城镇比进入大中城市的成本要低，可以降低城市化的成本。同时，小城镇还可以把城、乡两个市场有效地连接起来，迅速地促进农村第二、第三产业的发展。"大城市论"则批评"小城镇论"忽视了城市的规模效益，认为存在"大城市超前发展的客观规律"，进而指出中国应当走主要发展大城市的城市化道路（如李迎生，1998）。"中等城市论"主要是前两种观点的结合和折中。

　　随着城市化研究的深入，特别是自 20 世纪 90 年代之后，城市化道路研究也呈现出一些新特点。很多学者（如周一星、夏振坤、辜胜阻、简新华、叶裕民、李强、杨伟民、蔡昉、盛广耀等）都主张城镇化道路的"多元化"或"多样化"。其中，周一星（1988）指出，"不存在统一的能被普遍接受的最佳城市规模，城市体系永远是由大、中、小各级城镇组成的，而各级城市都有发展的客观要求，所以城镇化的模式应该是多元的、多层次的"；夏振坤等提出了"三阶段论"；辜胜阻、简新华等提出"二元城镇化"战略；叶裕民强调大城市要发展与控制并重，小城镇则要以集中为主，要上规模；李强认为城市化模式多种多样，关键不在模式本身，而在于所处的环境和条件，因此要根据各地区的经济社会情况采取多元化的城市发展道路；盛广耀（2009）提出在新的发展阶段和发展条件下，城市化的空间组织模式由小城镇为重点向大、中、小城市和小城镇协调发展转变，城市化的城乡关系模式由城乡分割向城乡统筹转变，城市化的建设模式由粗放型向集约型转变。杨伟民、蔡昉等（2010）提出促进人的发展的新型城市化战略，主张以城市群为城市化的主体形态。

　　诚然，城镇化模式可以有多种类型，不同城市化模式有着各自的特点和影响，且每一种城市化模式都有其特殊的背景和条件，具有明显的时代特征和自身发展条件的特殊印记。城市化模式的形成受到多重因素的影响，包括经济发展水平、历史文化背景、政治经济制度、人口状况、地理环境和资源禀赋等。如毛蒋兴、薛德升（2006）认为，城市化模式与特定国家、地区特定时期的经济水平、历史文化背景和社会经济条件息息相关。周英（2006）认为，具体的、现实的城市化模式受各国历史文化传统、实行的经济发展战略和经济体制的制约，至于更微观的城市化模式，其影响因素还包括资源、区位、经济实力、各利益集团的地位以及个体偏好等。曹宗平（2005）则认为，从本质上讲，这些因素或条件的不同从最基本的层次上客观地、内在地决定了城市化发展道路具体模式的差异性，即不同国家或地区所具备的因素或条件的特质性决定了不同的城市化发展道路。

在城市化模式的选择上，苑林、林继峰（1999）认为，城市化发展模式的选择，实际上就是城市化发展战略的选择。而每一种城市化模式都有其特殊的背景和条件，具有明显的时代特征和自身发展条件和特殊印记。曹宗平（2005）等对城镇化模式的影响因素进行了分析。其中，曹宗平认为，城市化发展模式的选择并非只是一个国家或地区城市化发展模式的简单定位问题，而是涉及诸多条件的综合考虑。金丽国、侯志远（2002）则认为，各地区城市化模式的选择依据是由本地区的地理位置、经济实力、产业结构和历史因素等来决定的。盛广耀（2008）以城市化发展模式的转变为主线，分析城市化推进的不同途径和方式以及未来城市化路径的选择问题。顾朝林就中国城市经济区划进行了研究，在此基础上，出现了一批区域城市化研究成果。由于这些因素的动态性，决定了任何地区模式都不可能性是一成不变的、凝固的。因此，必须根据地区发展状况适时调整城市化模式化，以防"落后"的城市化模式成为地区发展的桎梏。

此外，一些学者（如简新华、刘传江，1998；崔援民、刘金霞，1999；李仙娥、刘惠敏，2003；仇保兴，2005；毛蒋兴、薛德升，2006；郝世绵、胡月英，2002）采用分类比较的方法，按照不同的研究视角和分类标准，系统总结了世界各国不同类型的城市化模式。一些学者（如金元欢、王剑，1996；高强，2002；付恒杰，2003；李冈原，2003；李瑞林、李正升，2006）还对英国、美国、日本、韩国、巴西等国家的城市化模式进行了个案研究。这些研究基本上把落脚点放到了对中国城市化进程的启示作用上，试图通过借鉴国外城市化的经验和教训，寻找适合中国国情的城市化道路。

综上所述，以上这些成果为我们进一步进行研究奠定了良好基础。综合国内外现有的研究成果，我们认为具有以下特点：理论界现有研究在以下几方面基本形成共识：如果没有一个科学的道路模式来指导城市化的实践，就难以保证城市化进程的顺利进行；同时，学者们普遍认为，城镇化模式受多种因素的影响，对城镇化模式的选择应该系统考虑诸方面的因素。但是，从中国城镇化研究本身看还存在一些问题：一是城市化概念模糊，基础统计数据缺乏。由于城镇概念的统计口径问题导致对城镇化的理解和资料应用出现混乱。在应用数据时，城市化的广义与狭义内容常常互换，由此计算的城市化数据造成统计上的误差，资料、结论的真实性降低。二是研究方法上，大多采用规范研究和定性研究的方法，系统地定量分析不够。同时，目前理论办与实践界都在探索一条适合中国国情的城镇化发展道路。因此，这一领域有待于且值得更进一步深入。

四、研究思路和主要内容

本书的研究目标是：探讨发展县域经济以逐步形成县域范围内的劳动力流动是当前适合中国国情的理想流动模式，为实现这一理想模式，需要综合的政策引导，探索如何引导人口向县域或小城镇迁移。为此，本书将沿着以下思路进行：沿着为什么要发展县域经济，逐步形成县域范围内的人口流动模式→县域人口城镇化的主要影响因素有哪些→这些影响因素与城镇化率的关系是什么→如何推进县域人口城镇化的发展。具体而言，本书由绪论和七章构成：

绪论部分，介绍本书的研究缘起及研究主题；紧接着对本书所涉及的基本概念作必要的界定；然后介绍国内外的相关理论研究进展；阐明研究思路与框架结构；最后介绍研究方法与技术路线、个案地区的基本情况，并对本书所使用的资料来源进行说明。

第一章，对我国城镇化的发展历程进行回顾，在此基础上，着重探讨了我国流动人口迁移的特点，人口流动给城镇化带来的影响及我国人口城镇化的特点，重点分析了大量流动人口向大城市集中可能带来的问题。

第二章，探讨以发展县域经济为政策重点推动城镇化发展。着重分析我国小城镇发展的现状，在此基础上，提出以发展县域经济为政策重点推动城镇化发展，县域城镇化作为新型城镇化的重要实现形式，本部分探讨了发展县域经济对新型城镇化的推动作用。

第三章，对县域人口城镇化的影响因素进行分析。本书以区域非均衡发展战略理论为指导，在功能区划背景下探讨县域人口城镇化的区域类型，从县域经济的角度，探讨影响县域人口城镇化的内生因素，并对其内生影响因素进行因子分析，确定县域人口城镇化的自变量，为构建县域人口城镇化的理论模型奠定基础。

第四章，构建与分析基于县域经济的城镇化理论模型。在区域非均衡发展条件下，针对不同类型的人口发展功能区，分析各区域人口城镇化的影响因素并构建理论模型，在此基础上，从宏观角度探讨推进我国县域人口城镇化的对策。

第五章，对鄂州市推进新型农村社区建设的实践展开研究。县域人口城镇化不仅是一个理论问题，它更是一个现实问题。从表现形式来看，县域城镇化包括就近城镇化和就地城镇化。近年来，各地在实践中对就地、就近城镇化进行了多种形式的试点与探索。本书对城镇化道路探索中较具特色的湖北省鄂州市新型农村社区建设情况做一分析研究，以期对我国新型城镇化道路发展提出政策建议。

第六章，研究发展农村职教以推动县域新型城镇化。在推进城镇化的进程中，作为农村主体人群的农民出现了阶层分化，本章首先对我国当前农民的阶层现状及其发展趋势展开阐述，从农村职教发展对新型城镇化的推动作用视角，探讨了农村职教发展的现实依据；其次，结合实际，对我国当前农民职业教育的现实进行了实证描述，从农村职教的四大主体出发，探讨了农村职教面临的困境；最后，提出发展农村职教以推进新型城镇化的政策建议。

第七章，探讨推进农村流动人口合理阶层化，以推进县域城镇化的发展。本章从农村流动人口的形成、存在的类型、阶层划分、各阶层的特点及相关的影响因素等方面，总体探讨城镇化背景下农村流动人口阶层化的现状，以此为基础，分析城镇化背景下我国农村流动人口阶层化存在的问题和困境，从宏观和微观两个层面对现有问题进行剖析。最后，针对城镇化进程中农村流动人口阶层化存在的问题，提出引导流动人口合理阶层化以促进县域城镇化健康发展的对策建议。

五、研究方法及资料来源

（一）研究方法

本书是在城市社会学理论与中国特色社会主义理论的指导下，主要立足于城市社会学的学科角度，采取混合研究（定性研究与定量研究相结合）的途径与方法，即采用规范研究、实证研究与比较研究的方法，运用文献搜集、统计数据搜集与整理、统计分析（如SPSS 软件）等技术手段，开展人口迁移与县域城镇化研究。具体研究方法如下：

（1）规范研究。本书的一项重要内容是对影响县域人口城镇化的影响因素进行深入分析，为此，本书试图运用规范分析的方法，对已有城镇化模式中存在的问题、城镇化的内涵和影响城镇化的经济社会因素等进行规范性的探讨。

（2）实证研究。在资料收集上，本书充分利用 2009 年中国县级单位的连续性社会经济统计数据，中国城市统计年鉴的数据及第三至第六次全国人口普查抽样数据资料等。运用统计数据，深入分析县域人口城镇化过程的内在机制及城镇化的影响因素，对县域人口城镇化的内生决定因素进行因子分析，在此基础上建立回归模型，分析不同类型区域各影响因素对城镇化水平的影响差异。通过个案县（市）人口城镇化的实践分析，对推进县域人口城镇化的对策进行探讨。后续部分对研究样本有专门的说明。

（3）比较研究。本书综合考虑不同区域间发展的非均衡性，运用相关统计数据对不同区域城镇化进展状况进行横向比较分析，对为推进县域城镇化的政策完善提供参考依据。

在整个研究过程中，资料收集与分析的主要方法如下：（1）资料收集的方法：包括文献搜集、统计数据收集与整理、实地调查等方法。（2）资料分析的方法：本书对于已有城镇化模式中存在的问题、城镇化的内涵和推进城镇化对策探讨因素等进行定性分析；对县域人口城镇化的影响因素及理论模型，采取的是定性分析与定量分析相结合的方法，运用因子分析与回归分析等统计分析方法处理统计数据；对新型城镇化的实践探索分析，采取的是案例分析方法；结合实证调研数据，对我国农民职业教育的现状进行描述统计分析。

（二）研究样本与资料来源

1. 研究个案

本书采用的主要技术手段是实证研究和统计分析。实证研究，是对社会各种活动和现象进行解释、分析、证实或预测的研究方法，要说明"是什么"的问题。从研究方法的分类来看，本书的实证研究属于量化研究与个案研究相结合。其中，个案的选择上，笔者认为，从理论上，任何一个县都有其代表性，即使是老少边穷地区也有其典型意义。不过，对于中国大多数县而言，县域发展水平和结构在均值附近较多，或者说我国绝大多数县政府都具有同构性。这样，如果能够选择中国内陆一个普通县，将在很大程度上体现出样本选择的合理性。因此，本书选择了湖北省鄂州市作为个案来进行研究。

鄂州市位于湖北省东部，长江中游南岸，西邻省会武汉，东接黄石，北望黄冈。鄂州居中独厚，北距首都北京、东距上海、西距重庆、南距广州均在 1000 公里左右。2011 年年末鄂州市户籍人口109.43 万人，全市国土面积 1594 平方公里，其中耕地面积 60.83 万亩；水资源总量 18.11 亿立方米，人均水资源 1723 立方米；全市森林面积 45 万亩。①

鄂州市是一个地级市，是 1983 年经国务院批准成立的湖北省辖中等城市。目前辖鄂城区、华容区、梁子湖区三个县级区，葛店开发区、鄂州开发区两个开发区，以及古楼、西山、凤凰 3 个直管街道办事处。鄂城区辖泽林、杜山、新庙、燕矶、汀祖、杨叶、花湖、碧石渡、长港、沙窝 10 个乡镇及花湖开发区；华容区辖华容、庙岭、段店、临江、蒲团 5 个乡镇及红莲湖旅游度假区；梁子湖区辖太和、东沟、沼山、梁子镇、涂家垴 5 个乡镇和梧桐湖新区；葛店开发区、鄂州开发区不辖乡镇。

鄂州历史悠久，自然资源丰富。全市境内有大小湖泊 133 个，水域面积 65 万亩，是中国著名的"百湖之市"和"鱼米之乡"，其中的梁子湖为全国十大名湖之一，方圆 300 多平方公里。由于其独特的水资源优势，鄂州动植物种类繁多，水产名贵品种较多，其中产于梁子湖的银鱼更是畅销全国。鄂州地处长江中下游，不仅水资源丰富，又在铁、铜等多种金属成矿带西部，境内矿产资源丰富。金属矿产资源主要有铁、铜、钼等；非金属矿产资源有煤、硬石膏、沸石、膨润土、珍珠岩、硫等。鄂州市主要以产铁矿石为主，现已探明铁矿储量

---

① 资料来源：中国鄂州政府门户网站，http://www.ezhou.gov.cn/201202/c2464884.htm.

为 2.5 亿吨，居全省第二位。

鄂州是一座风光秀丽的城市，历年来被称为"吴王之都"、"冶金之城"、"百湖之市"、"科技新城"、"宜居城市"等，山、水、城浑然一体，其中西山是著名的风景名胜区；莲花山是中国元极功基地，蜚声海内外；洋澜湖、梁子湖、红莲湖更是旅游、度假胜地。鄂州市内通信、供电、供水等基础实施完备，内外交通通畅便捷，106 国道、316 国道穿越鄂州，京广、京九铁路经两翼而过，长江过境 88 公里，距离武汉天河机场仅 70 公里。鄂州市是一座新兴工业城市，是鄂东"冶金走廊"、"服装走廊"、"建材走廊"的重要支撑，形成了以冶金、服装、建材、医药、化工、机械、电子、轻工为主体的工业体系，同时发展以高新技术装备的电子通信、生物工程、机电一体化、新材料、新能源等产业，是湖北省重要的工业基地和商品集散中心。

2. 资料来源

（1）本书中用于县域人口城镇化影响因素分析的统计数据来源于各省的统计年鉴，是笔者根据收集到的统计年鉴整理而成。

（2）本书中的个案资料是笔者对个案进行调查获得的。在调查中，笔者主要采用如下三种方法：一是查阅和收集文献资料。所收集的文献资料包括县志、社会经济统计报表、各种会议记录、工作总结、制度章程、通知、公告、宣传报道材料、上级有关部门下发的各种文件等。除收集样本县（包括所属的乡镇、办事处及乡村）的文献资料外，还尽可能收集样本县所在省市相关文献，以及国家有关法律和法规。二是设计村居问卷进行调查。三是深入访谈。访谈对象包括：村民、社区干部、政府官员三类群体，访谈方式主要是以个别单独访谈为主，以消除外在因素的干扰，此外，也采取听取汇报、集体座谈等不同方式。所有访谈均做了详细记录。

（3）本书关于农民职业教育的相关数据资料，是笔者借助问卷调查方法，通过面谈方式获得的。

凡与研究结论相关的数据，均标明了出处，按注明查阅相关文献及档案资料便可证实。除此之外，笔者在本报告的写作中还参考了其他学者的相关研究成果。对所参考和使用的他人资料，笔者在文中均一一注明。

六、本书可能的创新之处

本书在充分吸收前人研究成果的基础上，力求在以下几个方面有所突破和创新：

（1）力求研究方法与技术路线得当。本书采取混合研究（定性研究与定量研究相结合）的途径与方法，即采用规范研究、实证研究与比较研究的方法，运用文献搜集、统计数据搜集、访谈调查、统计分析等技术手段开展研究。其中，运用因子分析方法，对县域人口城镇化的影响因素进行筛选；在此基础上，运用回归分析方法，建立县域人口城镇化的理论模型；运用个案分析法，对县域新型城镇化的实践进行了分析与探讨；最后，运用调查数据，对我国农村职教进行了描述统计分析，在此基础上，提出发展农村职教以推进县域新型城镇化的对策建议。

（2）力求理论上有所贡献。本书通过城镇化过程中流动人口迁移的现状与小城镇发展的现状分析，结果显示：当前我国人口流动的趋势是人口大量朝沿海大城市集中，这对大城市形成了较大压力，带来了一些问题；小城镇建设是实现中国特色城镇化过程中的重要一环，但规模过小的城镇也不利于发挥城镇的集约效应。因此，本书提出当前中国城镇化道路最优政策重点应向县域倾斜，推动县域经济发展，形成县域范围内的劳动力流动，这将有利于推进城镇化的同时兼顾城乡一体化，全面提高城镇化的总体质量。为实现这一理想模式，需要综合的政策引导，探索如何引导人口向县域或小城镇迁移。

第一章

中国城镇化进程中
人口迁移的现状分析

　　综观新中国成立后几十年的发展历程，我国人口城镇化表现出两大特点：一是人口城镇化率不断上升，二是区域间城镇化发展呈非均衡状态。人口城镇化往往伴随着大量的人口迁移。总体来看，1978年以前中国的城镇化水平低、波动大、进程缓慢，改革开放以后，流动人口和城市化水平均出现了较大幅度的增长。从历史变迁的角度看，我国的人口流向也是不断地变动着。从空间维度看，不同地区的城乡人口迁移态势差异明显。地区间经济发展水平和市场发育程度的不平衡，决定了人口迁移的基本流向是从农村流入城市，由落后地区迁移到发达地区。随着大都市区的快速成长，大量的流动人口进入珠江三角洲、长江三角洲和京津唐等我国经济发展最富活力的三大都市区。大量人口向大城市集中已经带来一些问题，未来一段时期，将是我国各大城市"城市病"的集中爆发期，从而可能制约城市的可持续发展。可见，以"大城市"为政策主导的城镇化模式，推动农村人口向沿海地区集中、向大城市集中，让大量人口注入了大城市，促进了城市化的快速发展，但同时也带来了很多问题，造成大城市发展的高风险。

一、中国城镇化发展进程回顾与趋势

　　新中国成立60多年来，我国城镇化经历了一个曲折的发展过程。

改革开放以前的约 30 年时间里，城镇化的进展缓慢，表现为：从新中国成立初期的正常发展，到"大跃进"、"文革"时期的大起大落。这一期间，我国城镇化虽然受到政治因素的强烈影响，但还是保持了不断增长的趋势。新中国成立初，城镇化水平只有 10.64%，到 1978 年我国城镇化水平只提高到 17.92%，年均增加只有 0.25 个百分点，仅为 60 年平均值的 1/3；设市城市由 132 个增至 193 个，仅增加 61 个（见表 1-1）。新中国成立后到改革开放前的这一时期，在中西部地区新建或扩建了上百个城镇，使工业化和城镇化空间分布较为合理，并建立了门类较齐全的工业体系，因此，这一时期的城镇化和工业化是相关联的，它是在"摸着石头过河"的方式下经历了多次调整，形成了中国特色的城镇化，为 1979 年以后第二阶段的经济发展和进一步城镇化提供了有利的基础。[①]

表 1-1　　　　　　　我国城镇化进程（1949～1978 年）

年份	全国人口（万人）	市镇人口（万人）	城镇化率（%）	城市总数（个）
1949	54167	5765	10.64	132
1950	55196	6169	11.18	—
1952	—	7163	12.50	160
1955	61465	8285	13.48	—
1957	—	9949	—	177
1960	66207	13073	19.75	—
1965	72538	13046	17.99	—
1970	82992	14424	17.38	—
1975	92420	16030	17.34	—
1976	93717	16341	17.44	—
1977	94974	16669	17.55	—
1978	96259	17245	17.92	193

资料来源：相应年份《中国统计年鉴》。

---

① 薛凤旋：《1949～1979 年中国城镇化的经验与特色》，载于《当代中国史研究》，2013 年第 4 期，第 25～27 页。

改革开放后，随着市场经济的建设与发展，我国的城镇化进程得以恢复和发展，城镇化水平持续快速提升，从 1978 年的 17.9% 提高到 2011 年的 51.27%，平均每年提高 1.01%，城镇人口从 1.72 亿增长到 6.91 亿人，平均每年增加 1573 万城镇居民。主要原因可追溯至 1984 年通过的《中共中央关于经济体制改革的决定》，这一政策的出台为乡镇企业和轻工业的发展奠定了很好的基础，同年又颁布了新的户籍管理制度，允许农民自带口粮进城务工经商和进城落户，这标志着国家放松了对农民迁徙的限制，为城镇化提供了基本的制度基础。

综合国内诸多学者对城镇化历程的划分，本书认为中国城镇化大体可划分为以下几个阶段：

1. 中国城镇化的正常发展阶段（1949~1957 年）

1949 年新中国成立时，全国仅有城市 69 个，城镇人口 5765 万人，城镇化水平仅为 10.64%。[①] 这一期间，国家经过三年经济恢复，进入第一个五年计划，并开始实施 156 项工程的建设，在工业化迅速发展的同时，带动了第二、第三产业的发展，而劳动力的需要则使农村人口大量迁入城市。根据《新中国五十年统计资料汇编》中的统计，这一时期的城镇化率从 1949 年的 10.6% 上升到 1957 年的 15.4%，年均增长率为 0.6%。这一阶段城镇化的增长与经济增长基本上是协调的，工业化带动城镇化，以及城市的二产和三产发展，这是这一时期城镇化发展的主要推动力。

2. 中国城镇化的剧烈波动阶段（1958~1966 年）

这一时期，中国经历了"大跃进"运动和人民公社化时期、自然灾害、国民经济调整的曲折发展阶段。在"大跃进"运动和人民公社化时期，伴随一批工业项目的盲目上马，农村人口大量涌入城镇。1958~1960 年期间，城市数量和城镇人口增长迅速，新增设的城市达 33 个，城镇人口年均增长率达 9.5%。但是，从 1960 年起，

---

① 《新中国五十年统计资料汇编》，中国统计出版社，1999 年。

当时的国民经济进行困难时期，城镇化也进行了调整时期，动员从农村进城的人口还乡，截至 1962 年，将近 5000 万人重新回到农村，城镇化进入停滞和缓慢发展期。①

3. 中国城镇化的发展停滞阶段（1966～1978 年）

随着"文化大革命"的发动，我国城镇化与国家其他行业类似，发展进入徘徊停滞阶段。这一期间，知识青年开始上山下乡运动，据统计，从 1967 年到 1978 年，全国有 1600 多万名知识青年"上山下乡"。虽然城镇总人口从 13313 万人增长到 17245 万人，但是，与全国总人口的增长速度相比，我国城镇化率的提升缓慢，仅从 17.86% 缓慢提高到 17.92%，整个 13 年间全国城市总数只增加了 21 个。②

4. 中国城镇化的恢复发展阶段（1979～1991 年）

这一时期，中央政府明确提出了城镇化的发展方针。1979 年前后出台的系列新政策如：允许知青回城、允许下放干部返城等政策；1980 年提出"控制大城市规模、合理发展中等城市、积极发展小城市"的基本方针；1984 年，中央颁布了新的户籍管理政策，允许农民自带口粮进镇务工经商和进镇落户。由此，我国城镇化开始步入正常发展轨道。这一时期，为了鼓励城镇发展，国务院分别于 1984 年和 1986 年两次修改了城镇建制标准，将设镇标准降为不足 2000 人时也可以建镇，将设市非农业人口由 10 万人降为 6 万人，使市镇数量大大增加。1979 年，我国城镇人口比例为 18.96%，而到了 1991 年，该比例则达到了 26.94%。③

5. 中国城镇化的加速发展阶段（1992 年至今）

从 1992 年开始，我国城镇化发展进行了一个新的时期。特别是进入 21 世纪以后，城镇化发展速度更快，城镇化率从 20 世纪末的 36.1% 增长到 2011 年的 50%，净增长 13.9 个百分点。2000～2010

---

①② 资料来源：根据《中国统计年鉴》的有关数据计算得出。

③ 该资料来源于：刘国新：《中国特色城镇化制度变迁与制度创新研究》，东北师范大学 2009 届博士论文，第 27 页表格。

年城镇化率年均增长 1.20 个百分点，速度进一步加快（见表 1-2）。

表 1-2 我国城镇化进程（2000~2011 年）

年份	全国人口（万人）	市镇人口（万人）	城镇化率（%）	城市总数（个）	城市年均增加数（个）	建制镇总数（个）
2001	127627	48064	37.66	662	-1	20374
2002	128453	50212	39.09	660	-2	20601
2003	129227	52376	40.53	660	0	20226
2004	129988	54283	41.76	661	1	19883
2005	130756	56212	42.99	661	0	—
2006	131448	57706	43.90	656	-5	17652
2007	132129	59379	44.94	655	-1	16711
2008	132802	60667	45.68	655	0	—
2009	133474	62186	46.59	—	—	—
2010	134091	66978	49.95	657	4	19410
2011	134735	69079	51.27	—	—	—

资料来源：相应年份《中国统计年鉴》。

城市经济已成为区域经济增长的基础和动力。同时，随着城镇化的深入发展，我国城镇化发展政策也作出了相应调整。2001~2010年，我国制定了加快城镇化发展的总体战略，经历了小城镇规模扩张时期、城镇群发展时期等阶段。2000 年年底，城市发展政策从 1980年年初期的"严格控制大城市规模，适度发展中等城市，积极发展小城市"的 24 字方针，调整为"以大城市为中心大中小城市协调发展，并发展城市群和城市带"的城镇发展政策，并把"城市化"改为"城镇化"。2002 年党的十六大报告提出，"坚持大中小城市和小城镇协调发展，走中国特色的城镇化道路"。"十一五"规划提出，"促进城市化健康发展，坚持大中小城市和小城镇协调发展，提高城镇综合承载能力，按照循序渐进、节约土地、集约发展、合理布局的原则，积极稳妥地推进城市化，逐步改变城乡二元结构"。但是，在高速推进城镇化的同时，由于人地矛盾突出，也产生了一系列的问题。出现了土地城镇化快于人口城镇化的现象，城市结构和布局有待完善，城镇化质量有待提高。为此，党的十八大报告提出走"以人为核心"的新型城镇化道路，这是推进现代化进程中的大战略。

二、流动人口迁移与人口城镇化的主要特点

从我国人口迁移的变化与城镇化的历程可以看出，人口迁移与城镇化的关系十分密切，人口城镇化往往伴随着大量的人口迁移。总的来看，1978 年以前中国城镇化水平低、波动大、进程缓慢；改革开放后，流动人口和城市化水平均出现较大幅度的增长。

(一) 城镇化进程中流动人口迁移的主要特点

我国城乡人口迁移也是在不断突破"城乡分治"体制下逐步推进的，不同时段的人口迁移特征也各不相同。改革开放 30 多年来，我国流动人口规模不断增大，对我国的经济发展和社会进步起到了重要作用。20 世纪 50 年代后期到 20 世纪 80 年代初期，由于实行严格的计划经济管理，加上严格的户籍管理，全国流动人口数量很少。截至 80 年代初，全国离开户口所在地外出流动人口数量不过几百万人。80 年代，"离土不离乡"、"进厂不进城"的农村富余劳动力就地转移模式，成为当时中国农村劳动力迁移的主流模式。80 年代中期以后，我国的流动人口经历了一个迅速增长的过程。1984 年，以国务院《关于农民进入集镇落户问题的通知》为标志，国家在一定程度上放松了对农村人口进入中小城镇的控制，并由此带来对整个人口流动控制的松动，随之，流动人口在规模上迅速增长。1987 年，全国的流动人口就猛增到 1810 万人。此后，流动人口的增长更是势不可当，人口流动的目的地也逐渐突破小城镇而大量进入

大中城市。①

1. 从数量上看，流动人口规模大、增长速度快

通过对"六普"数据的分析，并与"五普"相关数据进行对比，可以看出，我国目前已进入"移民时期"，流动人口呈现出规模大、增长速度快的特点（见表1-3）。根据2010年的"六普"数据，我国流动人口总数为26093.8万人（含市辖区内人户分离人口3990.7万人），比2000年"五普"数据时的14439.1万人增加了11654.7万人。在2000~2010年期间，我国流动人口总数占全国总人口的比重由11.6%增长到19.6%，这些数据表明，我国当前已经进入"移民时期。"从增长速度来看，流动人口在2000年的基础上增加了80.7%，而这一时期我国的人口增长速度却只有7.3%，可见，流动人口的增长速度远高于总人口的增长速度。

表1-3　　我国流动人口总体和分区域变化情况（2000~2010年）

板块	2000年			2010年			增速（%）
	流动人口（万人）	占总流动人口的比重（%）	占总人口比重（%）	流动人口（万人）	占总流动人口的比重（%）	占总人口比重（%）	
东部	7444.6	52.8	16.8	13798.4	51.6	27.3	85.4
中部	2594.5	17.7	7.5	4608.1	18.0	12.9	77.6
西部	3080.0	22.1	8.8	5754.4	21.3	16.0	86.8
东北	1320.0	7.4	12.6	1933.0	9.1	17.7	46.4
总计	14439.1	100.0	11.6	26093.8	100.0	19.6	80.7

资料来源：《中国2010年人口普查资料》、《中国2000年人口普查资料》。

流动人口作为人口城镇化的主体，这种大规模、快速的人口流

---

① 段成荣、杨舸、张斐、卢雪和：《改革开放以来我国流动人口变动的九大趋势》，载于《人口研究》，2008年第32卷第6期。

动，一方面，会加快我国城镇化进程、推动社会经济的快速发展；另一方面，也会给人口管理带来挑战。

2. 从空间分布看，流动人口以东部为主，中西部地区增长较快

表1-3的数据表明，不管是2000年"五普"数据还是2010年的"六普"数据，东部地区的流动人口数都超过了当年流动人口总数的一半，2000年东部的流动人口数为7444.6万人，占总流动人口数的52.8%，2010年东部的流动人口数为13798.4万人，占总流动人口数的51.6%。从增长速度来看，东部、中部、西部、东北四大区域的流动人口数量在2000~2010年期间都呈现出较快速的增长态势。其中，东部和西部增长最快，达到85%以上，超过了总流动人口的增长速度（80.7%）；其次是中部地区。

总体看来，流动人口的区域分布特征与我国区域经济发展的格局基本上相吻合，一方面，我国最先实施东部优先发展战略，东部地区属于经济相对发达地区，因此，对流动人口的吸引力大，目前还是我国流动人口迁移的主要聚集地；另一方面，为了缩小区域间的差距，国家又相继实施了西部大开发战略和中部崛起战略，这些政策的实施带动了中西部地区经济的快速发展，再加上产业转移，给中西部地区带来了更多的就业机会，因此，中西部地区流动人口增长速度也较快。

3. 从迁移距离看，流动人口由近邻流动为主转为近邻流动、中程流动、远程流动并重

从我国人口流动的现实来看，我们不难发现：城市规模越大，对人口迁移的吸引力就越大，而且迁移人口对城市人口增长的贡献也越大；同时，不同区域城市对迁移人口的吸引力也是不一样的。

《2000年第五次全国人口普查资料》显示，中国迁移人口已经超过1.4亿人，占全国总人口的11.6%，这预示着中国已经进入了

"移民时期"。2010 年 "六普" 数据显示，我国的总人口①中人户分离人口②达到 26139 万人，与 "五普" 数据相比，增加了 11700 万人，增幅达 81.03%。"六普" 的普查公报显示，广东省是跨省流动人口最多的省份，其次是上海、北京、浙江和天津。表 1 - 4 中的数据表明，从 2000 年到 2010 年的这 10 年间，流动人口规模增长迅速，并且，经济最活跃的地区也是我国流动人口增长最快的地区。

表 1 - 4　　　第六次人口普查已公布的各地区跨省流动人口状况

单位：万人，%

地区	2010 年外省流动人口	2000 年外省流动人口	流动人口增长率
广东省	3128.16	2105.41	48.58
上海市	897.7	346.49	159.08
北京市	704.5	256.8	174.34
浙江省	1182.4	859.87	37.51
天津市	299.17	87.3	242.69
福建省	431.36	214.53	101.07

资料来源：转引自：邹湘江：《基于 "六普" 数据的我国人口流动与分布分》，载于《人口与经济》，2011 年第 6 期。

　　从历史变迁的视角看，我国的人口流向也是在不断地变动着。20 世纪 50 年代中期，我国开始实施严格户籍管理制度，制度就一直成为影响人口迁移量、迁移流向及在迁入地居住身份的重要因素。改革开放以来，我国省际人口的迁移模式发生了重大转变：1982 ~ 1990 年，人口重心持续向西南方向（先偏西后偏南移动），1990 年以后人口重心持续向南移动，速度相对由快转缓，进入 21 世纪向东南方向位移。郑珺（2010）分析指出，当前人口净迁出的省份主要集中在

---

① 这里的总人口指大陆 31 个省、直辖市和自治区的现役军人的总数。
② 人户分离人口：是指居住地与户口登记所在的乡镇街道不一致且离开户口登记地半年以上的人口，包括市内人户分离与流动人口。

中部地区和西南地区，人口净迁入省份主要集中在东南部沿海省份和西部地区（新疆、西藏等）。

从空间维度来看，不同地区的城乡人口迁移态势差异明显。从表1-5中我们不难看出，改革开放以来中国人口的城乡迁移，虽然呈现一定程度的波动，但整体上呈上升趋势。地区间经济发展水平和市场发育程度的不平衡，决定了人口迁移的基本流向主要是从农村流入城市，由落后地区迁移到发达地区。表1-5反映出我国人口迁移遵循"邻近优先"的迁移模式，即迁入人口的来源地和迁出人口的目的地主要是本省或相邻省份。蔡昉等（2001）研究发现，75.8%的省内迁移者，82.4%的跨省迁移者的就业信息是通过住在城里或在城里找到工作的亲戚、老乡、朋友获得的。① 因此，农村劳动力向城市流向通常会受到距离所反映出的社会网络强弱的限制，表现出分阶段迁移的特征。从三大地带的人口迁移来看，地带内部的人口迁移很高，东部地区内部人口迁移比例相对稳定，中西部地区内部人口迁移比例有下降的趋势。从省际的人口迁移来看，地域上接壤省市间人口迁移比重占绝大多数，但从整体上看这一比重有下降的趋势。

表1-5　　　　　　改革开放以来中国人口迁移演变　　　　　单位：%

迁移时间	农村迁向城镇	东部地区内部	中部地区内部	西部地区内部	接壤省市迁移
1982~1985 年	75.11	87.88	82.73	85.67	61.11
1985~1990 年	80.17	94.32	68.76	76.88	50.33
1990~1995 年	63.44	93.67	67.91	76.21	43.85
1995~2000 年	69.71	94.22	65.44	75.94	36.59
2000~2005 年	76.78	92.13	64.11	70.32	40.71

资料来源：历年人口普查资料和人口抽样调查资料。其中，1990 年人口普查资料迁移人口统计口径为改变居住地时间在一年以上的人口数，其他年份人口普查统计和人口抽样调查统计口径为迁入时间在半年以上的迁移人口。这一定义的差异将使 1990 年人口普查中的迁移人口数比其他几次调查口径下的迁移人口数偏小。

---

① 蔡昉等：《户籍制度与劳动力市场保护》，载于《经济研究》，2001 年第 12 期。

　　上述迁移趋势，从"五普"和"六普"数据的分析中可见一斑（见表1-6）。从历时性的全国数据来看，从2000年到2010年全国流动人口中，近邻流动（即人口在县内或市内各乡、镇、区之间的流动）人口所占比重呈下降趋势，下降了10.8%；而中程流动和远程流动比例都呈上升趋势。并且2010年全国流动人口在三种迁移距离上流动人口的数量差距不大，均在33%左右。从横向来看，不同区域间的流向不太一样。2000年，中部、西部和东北地区均以近邻流动为主；2010年，中部和东北地区仍以近邻流动为主，而西部则以中程流动为主；对东部地区而言，在2000年和2010年均以远程流动为主。

表1-6　　　我国流动人口迁移距离变化情况（2000~2010年）　　单位：%

地区	近邻流动			中程流动			远程流动		
	2000年	2010年	增减变化	2000年	2010年	增减变化	2000年	2010年	增减变化
全国	45.5	34.6	-10.8	25.2	32.5	7.3	29.4	32.9	3.5
东部	34.8	24.3	-10.5	22.0	26.3	4.3	43.1	49.4	6.2
中部	62.7	52.5	-10.3	27.3	37.6	10.3	10.0	9.9	0.0
西部	49.6	40.6	-9.0	31.0	41.3	10.3	19.4	18.1	-1.3
东北	61.8	48.1	-13.6	25.0	37.6	12.6	13.2	14.2	1.0

　　注：近邻流动是指人口在县内或市内各乡、镇、区之间的流动；中程流动是指人口在省内跨县、跨市的流动；远程流动是指人口的省际流动。
　　资料来源：《中国2010年人口普查资料》、《中国2000年人口普查资料》。

（二）我国人口城镇化的主要特点

　　总体而言，自从20世纪80年代中期以来，伴随着经济改革和对人口流动控制的放松，人们的流动性日益增长，由此产生了巨大的人口迁移流。大量的流动人口加入了这股迁移流，并对城镇化产生了重大影响：（1）人口的流动加速了城镇化进程。2010年，我国从乡村流出的人口为17042万人，其中有14265万人直接由乡村流入城镇。

大量的流动人口推动了我国城镇化水平的快速提高，2000～2010 年，我国城镇化率由 36.9% 提高到 50.3%，10 年间提高了 13.4%。[1] （2）促进了郊区城镇化。这主要体现在：随着城市机械人口的增加、城市交通设施的不断完善、产业布局的空间转移以及中心城区房价的不断攀升，大城市迁移人口的居住地在空间上突出表现为郊区化的特征。（3）促进了大都市区的快速成长，大量的流动人口进入珠江三角洲、长江三角洲和京津唐等我国经济发展最富活力的三大都市区，促使三大经济圈不断升级。[2] 可以预见，在未来相当长的时期里，人口的流动与城镇化还是会紧密联系在一起。

综观新中国成立后几十年的发展历程，我国人口城镇化表现出两大特点：

1. 人口城镇化率不断上升

根据世界城市化发展的一般规律，城市化过程一般分为三个阶段：起步期、加速期和平稳期。当一个区域的城市人口占总人口比重达到 30% 左右时，进入城市化的加速阶段，人口和经济活动迅速向城市集聚，城市规模迅速扩大；当城市人口占总人口比重达到 70% 以上时，城市化水平曲线趋于平稳，进入平稳期。改革开放以来，我国城市化水平日益提高。2006 年，中国的城市化水平为 43.9%[3]。"六普"数据显示，居住在城镇的人口为 66557 万人，占总人口的 49.68%，居住在乡村的人口为 67415 万人，占 50.32%。同 2000 年人口普查相比，城镇人口比重上升 13.46 个百分点。[4] 根据国家统计局于 2012 年 1 月 17 日发布的统计数据，"2011 年末，中国大陆城镇

---

① 陈炳欣、叶裕民：《中国流动人口的主要特征及对中国城市化的影响》，载于《城市问题》，2013 年第 3 期，第 6 页。

② 顾朝林、于涛方、李王鸣等著：《中国城市化：格局．过程．机理》，科学出版社，2008 年，第 342 页。

③ 施秧秧、吴宇哲、张奇：《主体功能分区战略角度的中国城市化研究审视》，载于《西北农林科技大学学报（社会科学版）》，2008 年第 8 卷第 6 期。

④ 资料来源：http://politics.people.com.cn/GB/1026/14506891.html，2011.9.21.

人口比重达51.27%，数量首次超过农村人口"。[①] "2013年年末，中国大陆总人口136072万人，城镇常住人口73111万人。城镇化率为53.73%，比2012年提高1.16个百分点。"[②] 这表明2000年以来我国经济社会的快速发展极大地促进了城镇化水平的提高。我国今后一段时期仍将处于城镇化的加速发展阶段。

2. 区域间城镇化发展呈非均衡状态

由于自然环境、区位条件、经济发展水平及历史文化等因素的差异，中国城市化发展存在着明显的地域差异。表1-7列出了我国不同时期东、中、西部和东北地区城市化水平的变化情况。这种城市化的区域发展差异，反映了中国区域开发重点的变化。从长期来看，中国城市化水平的区域变化，与区域经济发展水平的变化是一致的。城市化水平的提高幅度，由东部沿海地区到中部地区、再到西部地区梯度下降。1964～2005年，全国城市化水平提高了24.2%，其中：东部地区提高了32.5%，中、西部地区依次分别提高了23.5%和20.3%。东北地区为老工业基地，1964年城市化率为39.44%，之后的发展速度较慢，1964～2005年间仅提高了15.2%。

表1-7　　　　　　　我国城市化水平发展的区域差异　　　　　　单位：%

年份	东部地区	中部地区	西部地区	东北地区
1964	20.32	12.98	14.21	39.44
1982	22.24	16.01	16.61	40.89
1990	30.14	20.43	20.79	47.51
2000	45.34	29.73	28.73	52.14
2005	52.84	36.53	34.56	54.64

资料来源：1964年、1982年、1990年和2000年的数据分为全国历次人口普查数据，2005年为全国1%人口抽样调查数据。

---

① 搜狐新闻. http://news.sohu.com/20120117/n332422696.shtml.

② 新浪财经. 统计局：《2013年中国城镇化率为53.7%》，http://finance.sina.com.cn/china/hgjj20140120/143518015342.shtml.

　　总体来看，在东部地带人口增长速度加快时，城市化水平增长速度也加快，在中部和西部地带人口增长速度加快时，城市化水平增长速度则呈减慢趋势，人口在三大地带上分布的变化与全国城市化水平显示出一定的相关性。人口分布由东部地带向中西部地带流动，其城市指向性没有向东部地带流动那样突出，人口分布呈分散化的趋势，产生这样的结果与我国历史上实行的一系列人口迁移行为及有关人口管理政策制度变化是密切相关的。

三、大量流动人口向大城市集中可能带来的问题

　　我国的城市发展方针长期的演变过程，在过去很长一段时期内都是以"控制大城市规模、重点发展小城镇"为主导思想。当前，我国实际采取的是"大中小城市和小城镇协调"的多元城镇化道路，但从当前的实际发展趋势来看，城市群的形成难以避免。从区域空间结构演变的理论来看，在城市化初期，城市处于孤立发展阶段，城市数量少而分散，相互间的联系较弱，区域城市的发展主要表现为城镇数量的增长；在城市化中前期，城市处于加速集聚阶段，城市规模迅速扩大，大城市利用其较强的集聚效应优先增长；在城市化中后期，随着大城市辐射扩散效应和中小城市集聚效应的增强，中小城市发展速度加快，大中小城市的联系日益紧密，主要表现为区域内城市群逐步形成和壮大，城镇体系不断完善。从中国城市化的发展进程来看，改革开放初期，城市化处于起步阶段，小城镇发展迅速，在空间上广泛布点、分散布局；到1990年中期后，城市化进入中期加速发展阶段，大中城市集聚和扩散效应不断增强，区域城市数量增加和规模扩张较快；目前，伴随城市化进程的加快，优势地区大中小城市和小城镇普遍发展，若干以大城市为核心、紧密联系中小城市和小城镇的城市群开始加速成长，正成为现阶段城市化推进的一个显著特征。

　　从2010年的"六普"数据来看，我国东部沿海三大城市群：长

三角城市群、珠三角城市群和京津冀等城市群,是我国经济最发达和竞争力最强的区域,大量人口不断地流向这些区域。通过前面的数据分析,我们可以发现,我国农村人口流动的主要趋势:大量人口向沿海地区集中、向大城市集中。但是,这种单一的城市发展模式已经带很多问题,概括起来有以下三个方面:

(一)大量农村人口流出导致"空心村"的出现

从城镇化的发展历程来看,改革开放 30 多年来,我国工业化、城镇化的快速发展,大量农村青壮年劳动力流入城市,留居人口呈老龄化、贫困化趋势,导致农村常住人口持续减少,造成了农村"人走房空"的现象,并由人口空心化逐渐转变为涉及人口、土地、产业和基础设施的农村地域空心化,产生了大量"空心村"。

刘彦随等结合山东典型村庄调研,指出农村空心化本质上是在城乡转型发展进程中,由于农村人口非农化引起"人走屋空",以及宅基地普遍"新建不拆旧",新建住宅逐渐向外围扩展,导致村庄用地规模扩大、闲置废弃加剧的一种"外扩内空"的不良演化过程,其结果是产生了"空心村"。这种的空心化既包括农村土地空心化、人口空心化,也包括农村产业空心化和基础设施空心化,其本质就是农村地域经济社会功能的整体退化。[①]

"空心村"的出现,一方面,造成耕地资源的严重流失。中科院发布的《中国乡村发展研究报告——农村空心化及其整治策略》指出,经综合测算与分析表明,在分批推进城镇化情景下,全国"空心村"综合整治增地潜力可达约 1.14 亿亩[②]。另一方面,导致农村整体面貌难以改变,乡村人居环境受到破坏。可见,"空心村"涌现,已成为中国农村发展与新农村建设面临的最大障碍之一,已成为

---

① 刘彦随、刘玉、翟荣新:《中国农村空心化的地理学研究与整治实践》,载于《地理学报》,2009 年第 64 卷第 10 期。

② 资料来源:http://chat.banyuetan.org/yqsm/yqdt/120331/65446.shtml. 2012.4.20.

推进新农村建设和统筹城乡发展面临的难题。

（二）大量的人口向中心城市集聚引发"城市病"

大城市的客观条件与自身优势使其具有超前发展的可能，现实也证明，在当前政策总体有利于大城市的情况下，一方面促进了我国人口城镇化的快速发展，另一方面出现了大量的人口往中心城市集聚的趋势。2010 年北京国际城市发展研究院发布的《2006～2010 年中国城市价值报告》估计，全国有 655 个城市提出要"走向世界"，183 个城市要兴建"国际大都市"。这种目标定位，必然导致大量人口向大城市集中。2012 年 1 月国家统计局的数据显示，如果把在城市生活半年以上的农业户籍人口也统计为"城镇常住人口"，那么，到 2011 年年末我国城镇人口占总人口比重达到了 51.27%，首次超过总人口的一半，由此进一步加速了大型城市的资源压力。

《2006～2010 年中国城市价值报告》指出，六大"城市病"正在给中国城市和谐、均衡与可持续发展带来潜在风险。这六大"城市病"[①] 是指：

1. 人口无序集聚

主要表现为：中国城市人口迅速增加，呈现出内地流向沿海、农村流向城市、中小城市流向大城市是人口集聚的基本特征，特别是向北京、上海、深圳等大都市聚集。这给城市承载力和城市就业带来很大压力。

2. 能源资源紧张

这已经成为中国城市发展的重要制约因素之一。加快城镇化进程要伴随着经济的强劲增长和第二、第三产业发展的强大支撑。我国大规模的制造业、建筑业和采掘业等是吸纳农村富余劳动力的主渠道，这些行业一是高能耗、二是耗资源、三是不利于环保。我国能源产业

---

① 资料来源：http://www.caijing.com.cn/2010 - 10 - 29/110555447.html.

规模和生产总量不断扩大，强有力地支持了工业化进程。但能源生产和消费结构不尽合理，煤炭约占能源消费构成近 70%，煤炭开采、加工、运输和使用过程中，产生大量污染物。我国燃煤消费量大，热效率低，造成能源利用效率不高和严重的环境污染问题，节能和减排任务十分艰巨。2006 年能源消费总量 24.6 亿吨标准煤，比上年增长 9.3%。其中，煤炭、原油、天然气、水电、核电能源类消费量比上年分别增长 9.6%、7.1%、19.9%、5.0%、2.4%。国内生产总值能源消耗 1.21 吨标准煤，未能实现"十一五"时期每年单位 GDP 能耗降低 2% 的目标。人均能源资源相对不足，资源质量较差。有关专家估计，若按目前的开采水平，我国石油资源和东部的煤炭资源将在 2030 年耗尽，水力资源开发也将达到极致。目前，在世界能源产量中，高质量的液、气体能源所占比例为 60.8%，我国仅为 19.1%。新能源与可再生能源可采储量较多，但人均能源资源占有量仅相当于世界平均水平的 1/2。①

3. 生态环境恶化

我国在城市开发建设过程中，存在着片面追求城市规模和发展速度，带来资源高消耗、污染高排放、土地高扩张，水土矛盾和环境恶化进一步加剧，生态环境受到威胁。随着工业化、城镇化的加速推进，我国面临着生产生活污染叠加，点、线、面源污染共存，新旧污染物交织，水、气、土污染相互影响的复杂态势，生态经济系统呈现无序化和非持续性，出现了城镇化与区域环境要素不协调的现象。现阶段我国城镇生态环境恶化主要表现在以下这些方面：

（1）环境污染加剧。工业化带来城镇化，城镇化带来农业人口向城镇的聚集，使人口、资源、环境、经济发展等失去原有的较低水平的动态平衡，显现出发展中的矛盾。一是在大城市，由于历史的原因，工业企业布局和结构不尽合理，一些企业布置在城市中，随着城

---

① 张陆红：《城镇化与资源环境协调发展的思考》，载于《中国管理信息化》，2011 年第 23 期，第 42~45 页。

镇化的快速发展，这些企业逐渐被居民区包围，形成居民和企业的矛盾；二是在小城镇，一些不规范的乡镇企业的发展，虽然吸纳了一定的富余劳动力促进了城镇化发展，但这些工业企业结构偏重，技术含量低、高能耗、高排放问题突出，形成了经济发展和环境保护的矛盾。这些结构性和布局性污染，导致一些城市环境质量日益恶化，削弱了人与自然和谐相处的生态功能。此外，在全球化背景下，发达国家具有发展软环境的巨大优势，它们利用发展中国家急于发展经济而不顾环境危害的现状，将污染转移，不仅有污染型的企业，甚至是废旧物和垃圾，进一步加剧了环境污染。2005 年，我国城市污水排放量 359.5 亿吨，工业固体废弃物 13.4 亿吨，城市生活垃圾 1.6 亿吨，二氧化硫排放量 2549.4 万吨，化学需氧量排放量 1414.2 万吨。2006年各项指标继续增长，其中二氧化硫排放量 2594 万吨，比 2005 年增长 1.8%；化学需氧量排放量 1431 万吨，同比增长 1.2%。[①]

（2）水污染与缺水问题并存。水资源是各种资源中不可替代的一种重要资源，它与人类生存和社会经济发展息息相关。城市的发展，城市人口的不断增长，对城市用水的需求量日益加大，同时水资源的缺乏和水污染的威胁在不断加剧。产业发展粗放增长，使水资源受到严重污染，可用淡水急剧减少。地表水环境容量十分有限。除大江大河外，多数支流污染物排放已超过环境容量，水质型缺水现象突出。主要水库、湖泊的水质大部分不能满足功能区划要求，城市内湖和纳污河渠几乎全部受到严重污染。江苏太湖和安徽巢湖大规模爆发的蓝藻，正是过去 20 年中水污染问题不断恶化、积重难返的表现。2006 年，我国海域总体污染形势依然严峻，全国海域未达到清洁海域水质标准的面积约 14.9 万平方公里，比上年增加约 1 万平方公里，其中，严重污染海域面积约为 2.9 万平方公里。2008 年水资源总量下降，用水总量呈现继续增长的态势。2008 年水资源总量 27127 亿

[①]　叶德文、郑昭团：《加快城镇生态环境建设　促进城镇化的可持续发展》，载于《福建环境》，2002 年第 1 期，第 4~7 页。

立方米,比上年增加 7.4% ;人上去水资源 2048 立方米,比上年增加 6.9% 。2008 年总用水量 5840 亿立方米,比上年增长 0.4% 。其中,生活用水增长 0.6% ,工业用水增长 1.8% ,农业用水减少 0.2% ,生态补水减少 0.7% 。万元国内生产总值用水量 231.8 立方米,比 2007 年下降 7.9% ,万元工业增加值用水量 130.3 立方米,下降 7.0% ,人均用水量 440.9 立方米,下降 0.1% 。①

(3)大气环境、声环境质量状况不容乐观。空气污染受到城市的密度、车辆、船舶、飞机的尾气、工业企业生产排放、居民生活和取暖、垃圾焚烧等因素的综合影响。2006 年,在被监测的 559 个城市中,有 349 个城市空气质量达到二级以上(含二级)标准,占被监测城市数的 62.4% ;有 159 个城市为三级,占 28.4% ;有 51 个城市为劣三级,占 9.1% 。在声环境方面,近 1/3 城市声环境为轻度至中度污染。城市机动车尾气污染严重,生活污水处理率低,生活垃圾产生量以年均 8.1% 的速度增长。② 癌症的发病率正在以年均 30% 的速度增长。城镇化进程不仅关系到城镇的发展,也关系到农民生活的改善、统筹城乡协调发展、缩小城乡差别和建设社会主义新农村等问题的解决。鉴于我国人口多,而人均资源不多,生态环境的先天脆弱性等现状,未来城镇化的发展必须用最少的资源和环境代价,创造最大的经济和社会效益,这是今后发展最为迫切的要求。

当前,生态文明建设与新型城镇化建设一起,已经成为我国社会经济发展的重中之重,"突出生态"已成为城镇化建设的题中应有之义。从根本上讲,我国的城镇化发展最终要体现在经济发展质量、生态环境质量和人的生活质量的提高上。如果不按照生态文明的建设要

---

① 《2008 年全年水资源总量 27127 亿方减少耕地 1.93 万公顷》,http://www.china. com.cn/news/2009 – 02/26/content_17339867.htm,2007 年 12 月 5 日。

② 万军、于雷、吴舜泽、吕红迪:《城镇化:要速度更要健康——建立城市生态环境保护总体规划制度探究》,载于《环境保护》,2012 年第 11 期,第 29 ~ 31 页。

求发展城镇化，必将导致越来越严重的经济社会问题。[①]

4. 交通拥堵严重

交通拥堵是典型的"大城市病"。以北京为例，2009 年年末，北京全市实际常住人口 1972 万人，流动人口超过千万人，这意味着 2020 年北京常住人口总量控制在 1800 万人的目标提前 10 年被突破；人口快速增长，交通超负荷运行、城市急速扩张，削弱了北京的生态功能，污染控制难度加大。这是北京在城市发展过程中必须面对和解决的问题。据北京、广州等交通部门统计分析，20 世纪五六十年代，市区汽车每小时可行 40~60 多公里，六七十年代每小时可行走 35~50 多公里，八九十年代每小时仅能走 30~40 公里，现在大多数汽车每小时只能行 20~30 公里了！[②]

5. 房价居高不下

快速城镇化带来产业布局和转型升级难以科学规划应对的巨大风险，尤其较易形成房地产和资产双重泡沫，从而摧毁城镇化的经济基础。国际城镇化的历程证实，无论是发达国家还是发展中家，城镇化的发展必须有产业作支撑，进而实现产城结合。正如李克强总理在江苏视察时所指出的："城镇化要有产业作支撑，实现产城结合。进城的农民有就业能创业，生活就会安稳，城镇化就能走得更扎实。"[③]当前，我国推进新型城镇化建设的首要任务，应该当是实现产业升级，解决入城居民的就业问题，使农业转移人口能尽快融入城镇。"我国东部地区如今远远高出全国平均水平的城镇化就是来自于工业化，以江苏为例，改革开放前，江苏城镇化率仅为 10%，但是随着乡镇工业的发展，城镇化率快速提高，到 1997 年达到 34%。此后，随着国际资本涌入，带动江苏工业化进程提速，城镇化发展也进入快

---

① 俞可平：《社会公平和善治是建设和谐社会的两大基石》，载于《中国特色社会主义研究》，2005 年第 1 期，第 10~15 页。

② 王成新、方青青等：《高速公路与城镇发展论》，山东大学出版社，2008 年。

③ 李克强：《城镇化要有产业作支撑，实现产城结合》，载于《京华时报》，2013 年 4 月 1 日。

车道，到 2012 年江苏城镇化率已达到 63.4%，远高于全国 52.57% 的平均水平。"[1] 要让工业化成为城镇化重要引擎，地方政府在推进城镇化的过程中，要考虑当地的优势特色产业及其吸纳就业的能力，这一点，我们可以学习江苏城镇化过程的经验。当然，国家在产业发展的审批上也应该充分考虑到区域的平衡和互补。[2]

党的十八大以来，新型城镇化作为新一届政府扩大内需的重要政策着力点。在城镇化快速发展的进程中，大量人口向东部地区和大中城市集中，城镇住房需求持续增加，大量资本瞅准商机进入房地产市场，造成经济通货膨胀与实体企业生产愿望的减弱。在这一过程中，如果进入实体经济领域的资本不够，就可能会导致大规模的债务危机。与此同时，也会给东部地区的大中城市的高房价问题日益突出，特别是在一些大中城市高房价日益蔓延。

6. 安全形势严峻

城镇化过程中出现的"伪城镇化"现象，其中蕴含着一些不稳定因素，如收入差距的扩大、基本公共服务的非均等化等这些影响社会不公的因素，都有可能进一步激发社会深层矛盾，由此引发大城市中的一些治安问题（包括犯罪，征地过程中的官民冲突事件等）。这主要表现在：

（1）城镇流动人口的增加导致城镇犯罪率上升。在大量流动人口向城市迁移的过程中，在促进城镇化快速发展的同时，也带来了管理上的难度。一方面，流动人口数量多、规模大、结构复杂，管理部门很难摸准数据，给数据收集带来困难。另一方面，在流动人口中，成员参差不齐、动态性强，难以进行管理。再加上基层政府在流动人口管理人员的安排及相关工作上也还存在一些问题亟待改进，这些都

---

① 青岛市改革与发展委员会：《警惕城镇化可能带来的风险》，载于 http：//www. qddpc. gov. cn/qddpc/16/20/85/130927103203437281.

② 张小玲、陈静：《摩天大楼竞赛热 经济崩溃在逼近?》，载于《21 世纪经济报道》，2012 年 5 月 31 日。

有可能会导致公共治安水平下降，犯罪率上升。

（2）公共产品和公共服务难以满足城镇居民对现代城市文明的渴望。主要表现为：一是民生领域：就业、教育、养老保险与医疗保障等方面；二是综合治理方面：治安、环保、基础设施建设等方面。这些关乎老百姓日常生活的问题都存在着大量的瓶颈，要么数量不足、分布不均，要么服务质量不高，严重影响了城镇的综合承载能力。① 这种现象容易引发一个问题，就是在土地城镇化的同时，虽然给城市建设和发展做出了贡献，但由此产生的一些失地农民却无法完全融入城市，共享改革的成果。农民利益的这种分化与制度的缺位会引发社会冲突，甚至群体性事件，进而影响社会的和谐稳定。

可以预见，未来一段时期，将是我国各大城市"城市病"的集中爆发期，如果人口及城市布局缺乏预见性规划，城市基础设施承载力严重不足，带来了交通拥堵、环境污染、秩序紊乱、运营低效、行政区划分割等一系列问题，则会制约着城市的持续发展。因此，"城市病"将成为影响城市和谐稳定的关键隐患，加强城市治理刻不容缓。

（三）给大城市发展带来的高风险

城市群作为人类聚居的一种空间形态，大量农村人口流入城市群区域中的这些大城市，这种人口迁移的趋势，与乡村地区和一般城市地区相比，在多个环节增加了社会风险发生的可能性，也就是说，农村人口大量注入城市，会造成大城市发展的高风险。

一方面，社会风险源增多。城市群地区人口数量和密度相对较大，城市的发展也要求其提供相应的支撑系统，如交通、通信、供电、供排水等基础设施，因此，随着经济社会的发展与进步，人的需求也在不断地增加，由此产生出一系列更加复杂的公共问题，需要政

---

① ［美］塞缪尔·P. 亨廷顿著，王冠华、刘为等译：《变化社会中的政治秩序》，上海世纪出版集团，2008 年。

府出台政策来解决。在这些需求背后也意味着增加了风险源。当然，导致社会风险的因素也是多方面的：个别人为因素，如 2010 年 11 月 15 日，上海一高层公寓由于外墙维修的不规范施工操作引发火灾，公寓四面外墙迅速着火，造成惨重的人员伤亡。

另一方面，社会风险的影响扩大。如水、电、燃气、食品等支撑人们生存和城市群运转的物资和能源一旦出现短缺，不仅会对城市群地区产生大范围的破坏力，还可能引发大规模的恐慌。如 2011 年，日本东北部地区发生地震海啸灾害，并引发福岛核电站多个机组出现故障，导致核泄漏和核辐射，影响范围波及全日本、东南亚以至于全球。总之，在现实世界中，风险无处不在，风险的来源既可能是自然，也可能是社会。风险一旦转化为事故，就有可能导致生命支撑体系的短缺或污染、城市运转体系的阻断或堵塞，以及其他重大社会危害的自然和人为灾害等，进而造成巨大的社会和经济损失。

周勇、邓子纲（2015）提出中国快速城镇化进程中的四大风险①：一是快速城镇化的最大风险是城乡矛盾的同质化，易引发思想道德领域内的三大危机，从而破坏城镇化的思想基础与共识；二是快速城镇化带来人口急剧增长与资源、环境供给不足的风险，尤其可能破坏难以恢复的生态文明，从而损害城镇化的生态基础；三是快速城镇化带来产业布局和转型升级难以科学规划应对的巨大风险，尤其较易形成房地产和资产双重泡沫，从而摧毁城镇化的经济基础；四是快速城镇化使社会管理创新成为棘手的难题，尤其是市民社会的不成熟导致多重利益冲突，从而破坏城镇化的社会基础。

综上所述，以"大城市"为政策主导，推动农村人口向沿海地区集中、向大城市集中。可见，这种单一的城市发展模式让大量人口注入了大城市，促进城市化的快速发展，但同时也带很多问题，造成大城市发展的高风险。因此，快速城镇化进程中出现的"伪城镇化"

---

① 周勇、邓子纲：《中国快速城镇化进程中的四大风险》，载于《江淮论坛》，2015 年第 1 期，第 93～98 页。

及土地的城镇化快于人口的城镇化等现象，以及由此引起的一些"城市病"问题，都亟待我们去探讨解决的思路与对策。同时，大城市的超前发展规律决定了大城市的增长不需要政府政策的刻意扶持。当然，大城市的客观自身能力及其对制度的影响等，决定了其在城市化进程中的主导地位。这一点是我们必须承认与接受的，这里强调的是：目前，政府的公共政策不需刻意向大城市倾斜，而应该利用大城市的主导地位促进中小城市（镇）的发展。

第二章

基于县域经济的发展
推进人口城镇化

回顾我国小城镇的发展历程，虽然关于小城镇在国家发展和城市化中的地位一直有争议，但从国家战略中可以发现小城镇的地位是不可忽视的。小城镇承担着农村公共服务中心的职能。根据目前的发展态势，即使城镇化的成熟阶段，仍将有4亿多人口在农村，多数在中西部，需要中西部县城和小城镇来承担公共服务的职能。但是，规模过小的城镇也不利于发挥城镇的集约效应。从现实来看，小城镇的发展还存在一些不足，而大城市超前增长、大城市进一步发展的动力充足的条件下，既不应该也无必要以大城市作为"政策主导"。本书提出当前中国城镇化道路最优政策重点应向县域倾斜，推动县域经济发展，形成县域范围内的劳动力流动，这将有利于推进城镇化的同时兼顾城乡一体，全面提高城镇化的总体质量。

一、不宜以小城镇作为城镇化的"政策主导"

长期以来，我国一直执行"控制大城镇规模，发展小城市、小城镇"的城市发展方针。早在20世纪50年代，国家就提出了"严格控制城市服务设施小城市"的方针。这一发展方针被一直强调并贯彻执行，改革开放后国家多次提出城市发展方针，都强调了以小城镇为主的发展思路。新中国成立 60 多年来，尤其是改革开放 30 多年来，我国的经济社会发展取得了举世瞩目的成就。目前，小城镇已经成为我国城镇化进程中最具活力的组成部分和主导力量之一。相关研究估计（袁中金，2007），2000 年小城镇对城市化的贡献率为 42% ~ 45%，1985 ~ 2000 年间，城镇化水平每年提高 0.83%，城市的发展平均每年贡献了 0.37%，而小城镇发展平均每年贡献了 0.46%。1990 年建制镇人口占全国城镇人口比重的 20%，2007 年这一数值已经上升到约 28%，如果包括县城城关镇，比重则接近 50%，人口在向城市集中的同时，以更快的速度向小城镇集中。① 与此同时，随着城镇化进程的推进，在中国经济体制和社会结构发生急剧变化的情况下，小城镇的发展暴露了一系列问题。在此，我们试图对小城镇发展状况做一总结分析。

需要说明的是，我们这里所指的小城镇，是指区别于大、中城市和农村村庄的具有一定规模、主要从事非农业生产活动的人口所居住的社区，包括国家已批准的建制镇和尚未设镇建制的相对发达的农村集镇。② 在我国的行政区划中，镇是建制镇的简称。我国的镇是包括县人民政府所在地的建制镇和县以下的建制镇，是介于乡村与城镇之间的过渡型居民点，其中，县镇以外的建制镇数量多、分布广，是建制镇的主体。在我国，按照城市的定义，小城镇属于空间规模最小的非农业人口的居民点，它是我国城镇体系之尾，乡村发展之头，是农村和城市的边缘地带；是土地集中利用、人口和社会经济集聚发展等城市特征形成的过渡空间。③ 在小城镇中，建制镇的数量较多、规模较大、分布较广、发展水平较高，是中国小城镇的主体。此部分的统

---

① 吴康、方创琳：《新中国 60 年来小城镇的发展历程与新态势》，载于《经济地理》，2009 年第 10 期。

② 纪泽民：《新农村建设背景下的小城镇发展战略分》，载于《农村经济》，2007 年第 2 期。

③ 孔凡文、徐玉梅：《论中国小城镇发展速度与质量》，载于《农业经济》，2007 年第 10 期。

计数据以建制镇的数据为主进行分析说明。

(一) 我国小城镇发展的基本状况

1983 年以前，我国的建制镇通常以切块设镇、镇乡分设的方式设置。一般情况下镇不管村，镇周围的村庄大多划归乡管辖。因此，这一时期的建制镇总人口数与建制镇城镇人口数是比较接近的，可以近似等同。例如，从 1961 年到 1981 年的统计数据来看，县辖建制镇的农业人口占镇总人口的比重都在 75% 以上。[①] 改革开放以前的市辖建制镇极少，所以，一般谈到建制镇，通常是指县辖镇。我国于 1955 年制定了建制镇的设置标准，并先后于 1963 年、1983 年做了变更。

1955 年，国务院发布了《关于设置市、镇建制的决定》，对设镇标准作了规定。在一般情况下，必须是聚居人口在 2000 人以上，有相当数量的工商业居民，并确有必要时方可设置镇的建制。新中国成立后到 1955 年这一时期，我国的设镇没有统一的规定。1953 年第一次全国人口普查所统计的小城镇包括：县城关镇，二三千人以上工商业比较发达的集镇，以及一些工矿区和森林作业所等。但由于没有统一的城乡划分标准，各省在具体的划分上互有出入。统计结果显示，1953 年全国有小城镇 5402 个，城镇人口有 33723027 人，小城镇的平均人口为 6242.7 人，建制镇人口主要集中在人口规模 1 万 ~ 3 万人的建制镇。1955 年的城镇化政策出台之后，各地按照这些标准逐步撤销了一些不合条件的镇。建制镇的数量从 1953 年的 5402 个减少到 1958 年的 3621 个，剩下来的都是一些规模较大的镇。从 1953 年到 1958 年，县辖镇平均总人口规模从 6000 多人上升到 1 万多人。[②]

1963 年，发布的《关于调整市镇建制缩小城市郊区的指示》，提高了设镇标准：一般情况下，聚居人口要在 3000 人以上，其中非农

① 资料来源：根据《中国人口统计年鉴 1995》第 377 页的数据计算而来。
② 罗宏翔、何卫东：《建制镇人口规模的演变》，载于《人口学刊》，2001 年第 1 期。

业人口占70%以上，或者聚居人口在2500人以上不足3000人，其中非农业人口占85%以上，确有必要由县级国家机关领导的地方，才可以设置镇的建制。按照新的设镇标准，又撤销了一些规模较小的建制镇。同期国家又在压缩城镇人口，使得20世纪60年代的城镇人口机械增长长期呈负数，到了"文革"期间，城镇人口增长缓慢，城市化水平停滞不前。1979年的建制镇数量比1953年减少了47.22%，但这一时期，规模较大的镇的数量及人口所占比重上升，镇区非农业人口数在1万~3万人的建制镇数量已占到总建制镇数量的36.97%，人口规模占全国建制镇非农业总人口的43.11%。[①]

1984年，国务院批转的《民政部关于调整建镇标准的报告》，按照积极发展小城镇的城市发展方针，放宽了设镇标准，确立了以乡建镇的新模式，规定：总人口在2万人以下的乡，乡政府驻地非农业人口超过2000的，可以建镇；总人口在2万人以上的乡，乡政府驻地非农业人口占全乡人口10%以上的，也可以建镇。改革开放以后，小城镇在繁荣经济、促进城乡物资交流中的作用日益凸显，这一时期，建制镇的数量明显增加。从1992年开始，各地撤区（公所）并乡建镇工作的展开，镇的发展速度明显加快。1998年党的十五届三中全会确定了"小城镇，大战略"的方针，小城镇得到持续稳定的增长。到1999年，建制镇的数量已达19756个。2000年，中共中央、国务院下发的《关于促进小城镇健康发展的若干意见》，标志着小城镇发展模式已由外延型转变为内涵式。

从以上这三次制定的标准看，建制镇的设置都是以人口作为指标，但第二次比第一次指标较严，第三次则又放宽了许多。从我国不同时期的城镇化政策来看，改革开放前，采取的是人为限制的城镇发展政策；改革开放后，市镇设置更多地体现为积极发展小城市、小城镇的导向。这种政策导向的结果是：改革开放以来，随着农村体制改

---

① 资料来源，宋培杭：《城市建设数据手册》，天津大学出版社，1994年。

革的不断深化和社会主义市场经济体制的逐步建立和完善，农村社会经济全面发展，乡镇经济实力不断增强，社区环境不断改善，农村乡镇已步入一个新的发展阶段，小城镇的发展出现了一些新的特点和变化。

（二）我国小城镇发展的特点

透过中国小城镇 60 多年的发展历程及其发展现状，我们可以发现小城镇发展呈现出以下特点：

1. 建制镇的数量和总人口不断增加

在小城镇的发展历程中，1990～2008 年，全国建制镇建成区面积由 0.8 万平方公里扩大到 3 万平方公里，人口由 0.6 亿人增加到1.38 亿人，但人口增长的速度大大慢于建成区扩大的速度，建成区面积年均增长 7.5%，人口年均增长只有 4.6%（见表 2-1）。对于建制镇人口总量的增加，主要依靠的是建制镇数量的增加。建制镇的平均规模从 20 世纪 90 年代的 6000 人左右增加到目前的 8000 人左右，而且这种规模的扩大，一定程度上是各地广泛开展的乡镇合并的结果，主要不是单个小城镇规模扩大的结果。到 2005 年建制镇的数量基本稳定在 1.7 万个以后，人口也达到了最高峰的 1.48 亿人，近年来建制镇的人口逐年减少，2006 年降至 1.4 亿人，2008 年减少到1.38 亿人，三年时间减少了 1000 万人。具体来说，表现为以下两方面：

第一，改革开放后，中国的建制镇、县级市的数量迅速增加（见表 2-2）。截至 2009 年年底，我国共有 654 个城市和 19322 个小城镇，镇区平均人口 10749 人。[①] 从表 2-2 和图 2-1 可以看出，在中国城市化的发展过程中，市镇建制数量总体呈递增趋势。从 1949年到 2005 年，建制市的数量由 132 个增加到 661 个，建制镇的数量

---

① 资料来源：《中国统计年鉴 2010》。

由 2000 多个增加到 1.95 万个。其间，市镇建制的增加主要发生在改革开放以后。

表 2－1　　　　全国县城和建制镇发展情况（1990～2008 年）

年份	县城			建制镇		
	数量 （万个）	建成区（万 平方公里）	人口 （亿人）	数量 （万个）	建成区（万 平方公里）	人口 （亿人）
1990	—	—	—	1.01	0.8250	0.61
1995	—	—	—	1.50	1.3860	0.93
2000	1674	1.3135	1.42	1.79	1.8200	1.23
2005	1636	1.2386	1.00	1.77	2.3690	1.48
2008	1635	1.4776	1.30	1.70	3.0160	1.38

资料来源：转引自：中国发展研究基金会编：《中国发展报告 2010：促进人的发展的中国新型城市化战略》，人民出版社，2010 年，第 82 页。

表 2－2　　　　我国城镇数量的变动情况（1978～2007 年）

年份	城市数（个）	建制镇数（个）
1978	190	2173
1984	300	7186
1990	467	12084
1992	513	14539
1994	622	16702
1996	666	18171
1997	668	18925
1998	668	19216
1999	667	19756
2000	663	20312
2001	662	20374
2002	660	20601

续表

年份	城市数（个）	建制镇数（个）
2003	660	20226
2004	661	19883
2005	661	19522
2006	656	19482
2007	655	19249

资料来源：根据历年《中国统计年鉴》整理而成。

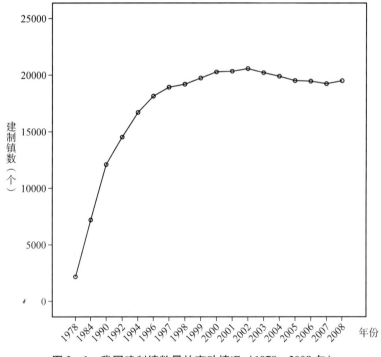

图 2-1 我国建制镇数量的变动情况（1978～2008年）

改革开放以前，市镇建制数量增加很少，1949～1978年建制市的数量仅增加了61个，建制镇则几乎没有增加；改革开放后，市镇设置更多地体现为积极发展小城市、小城镇的导向。其结果是改革开

放后市镇建制数量大幅增加（见图 2 - 2）。1978～2005 年建制市的
数量增加了 468 个，建制镇的数量增长迅速，由 2176 个增加到 19522
个，增长了 8 倍。从市镇数据比较来看，1978～2007 年，建制镇的
数量从 2173 个增加到 19249 个，年均增长近 600 个，绝大多数年份
下快于同期城市数量的增长幅度（见表 2 - 2）。可见，市镇建制的设
置作为一种行政管理手段，既是城镇经济发展的结果，也体现了一定
时期的城镇发展政策和区域发展政策。

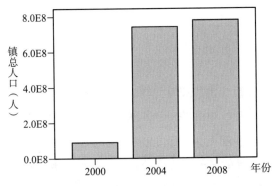

图 2 - 2　我国建制镇历年总人口数（2000～2008 年）

改革开放以来，小城镇建设取得了长足进展，但一哄而上、规模
普遍较小的问题也暴露出来。2003 年后，政府为进一步减轻农民负
担，推进城市化进程，促进农村经济的发展，一些地区开展了乡镇撤
并工作，于是，建制镇的数量由 2002 年最高时的 20601 个开始有所
减少。

第二，改革开放后，镇域总人口规模不断扩大，镇区非农业人口
规模却有所下降。1978 年后，小城镇的镇域总人口规模逐渐增加。
从图 2 - 2 和表 2 - 3 可以看出，21 世纪以来，建制镇总人口变化相
当大：2000 年 17722 个建制镇的总人口为 89897999 人，平均每个建
制镇 5072.68 人；2004 年 20140 个建制镇的总人口为 740593151 人，
平均每个建制镇的人口为 36772.25 人；2008 年 19520 个建制镇的总

人口为 776709796 人，平均每个建制镇的人口为 39790.46 人。可见，从 2000 年到 2008 年，全国建制镇的数量呈上升趋势，建制镇总人口及平均人口也都呈递增趋势。

表 2 – 3　　　　　　建制镇数与镇人口规模（2000 ~ 2008 年）

年份	建制镇（个）	人口（个）	平均每个镇的人口数
2000	17722	89897999	5072.68
2004	20140	740593151	36772.25
2008	19520	776709796	39790.46

资料来源：根据 2000 年、2004 年和 2008 年的《乡镇统计年鉴》整理而成。

1984 年的设镇标准降低了非农业人口指标，确立了以乡建镇的模式，致使镇总人口中非农业人口的比重大幅度下降。这一特征在 1984 ~ 1997 年间表现尤为明显，这一期间是全国县辖镇数量迅速增加的时期，新设置的县辖镇的平均非农业人口规模有逐渐减小的趋向，并且在大部分年份都低于原有县辖镇的平均非农业人口规模，使得县辖镇的平均非农业人口规模随着县辖镇数量的增加而逐步减小，从 1984 年的 8417 人减少到 1997 年 6334 人。[①] 尽管如此，总体上来说，改革开放以来，我国的城镇化进展迅速，建制镇的数量和规模都在不断扩大，就建制镇而言，除少数例外，绝大多数建制镇的非农业人口或城镇人口都在增加。

2. 区域间小城镇发展呈非均衡状态

区域发展的不均衡是我国国情的基本特征之一。小城镇作为基层管理最为基础的区划制度安排，受所在地域的自然地理条件和经济发展水平等的限制，各区域差异较大。从历史进程看，不同时期区域小城镇发展的状况，既受到自然禀赋、经济社会发展水平的影

---

① 罗宏翔、何卫东：《建制镇人口规模的演变》，载于《人口学刊》，2001 年第 1 期。

响，又受到区域发展政策的影响，随着区域经济发展重点的转移而有所差异。

第一，建制镇数量的区域变化。

在中国城市化过程中，建制镇的区域分布状况也发生了很大变化。从表2－4和图2－3可以看出，改革开放后，中国的建制镇、县级市的数量迅速增加；东部地区经济发展和城市化速度明显快于中、西部地区。1964～1982年间，除东北地区数量基本不变外，东、中、西部地区建制镇的数量均有所减少，其中东部地区减少数量较多，比重下降，而其他地区的比重则上升；西部地区建制镇的数量最多、比重最大。到了1991年，各地区建制镇的数量均呈大规模增加趋势，其中，东部地区增加比重达40%，其他地区的比重则有所下降。1991年以后，各地区建制镇的数量继续增加，其中西部地区增加最多。2000年后，因城市扩张和乡镇合并，东部和东北地区建制镇的数量开始下降，中、西部地区建制镇的数量和比重则继续有所上升。

表2－4　　　　　建制镇的区域分布及其变化（1964～2005年）

年份	全国 数量（个）	东部地区		中部地区		西部地区		东北地区	
		数量（个）	比重（%）	数量（个）	比重（%）	数量（个）	比重（%）	数量（个）	比重（%）
1964	3148	955	30.34	807	25.64	1093	34.72	293	9.31
1982	2664	731	27.44	694	26.05	944	35.44	295	11.07
1991	12157	4896	40.27	2959	24.34	3145	25.87	1157	19.52
2000	19780	7269	36.75	4759	24.06	6177	31.23	1575	7.96
2005	19522	6196	31.74	4945	25.33	6883	35.26	1498	7.67

资料来源：根据《中国人口统计年鉴》（1988年和1990年）、《全国县市人口统计资料》（1991年）、《2000年全国设市城市及其人口统计资料》、《中国民政统计年鉴》（2006年）相关数据计算。

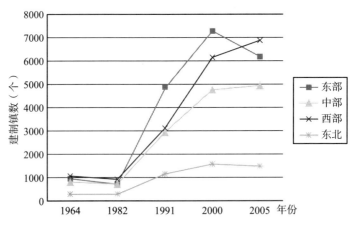

图 2-3 我国建制镇的区域分布情况（1964~2005 年）

进入 21 世纪后，建制镇的数量变动趋势，从表 2-5 和图 2-4 可以得到更具体的分析：东部地区的建制镇数从 2000 年到 2008 年一直呈下降趋势，中部地区、西部地区和东北地区则是先上升后下降，但总体有所增加。

表 2-5　　　　　　21 世纪以来建制镇数量及人口的区域分布　　　　单位：个，人

年份	全国		东部地区		中部地区		西部地区		东北地区	
	建制镇	人口	建制镇	人口	建制镇	人口	建制镇	人口	建制镇	人口
2000	17722	89897999	6732	41361313	4340	21737315	5191	17892752	1459	8906619
2004	20140	740593151	6501	300650227	5120	196762802	6929	198852201	1590	44327921
2008	19520	776709796	6304	307715686	4919	207364886	6828	217805886	1469	43823338

资料来源：根据 2000 年、2004 年和 2008 年的《乡镇统计年鉴》整理而成。

第二，建制镇规模的区域变化。

四大板块间的人口规模差异从各区域人口变动可见一斑。2010 年的"六普"数据显示，东部地区人口占 31 个省（自治区、直辖市）常住人口的 37.98%，中部地区占 26.76%，西部地区占 27.04%，东北地

区占 8.22%。与 2000 年人口普查相比，东部地区的人口比重上升 2.41 个百分点，中部、西部、东北地区的比重都在下降，其中西部地区下降幅度最大，下降 1.11 个百分点；其次是中部地区，下降 1.08 个百分点；东北地区下降 0.22 个百分点。[①] 中国城镇人口的区域分布情况，在不同时期存在明显的差异。从表 2 - 6 的四个时期来看，东、中、西、东北四大区域的城镇人口变动的总体情况为：在 1982 ~ 1990 年、1990 ~ 2000 年和 2000 ~ 2005 年期间，东部地区的城镇人口持续提高；中部地区也呈持续增长态势；西部地区则呈先下降后增长的趋势，但总的趋势是降低；东北地区则持续下降。

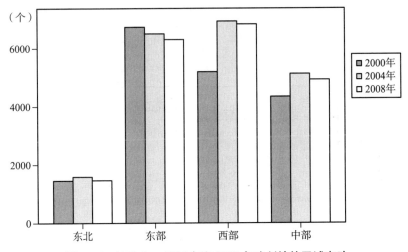

图 2 - 4　2000 年、2004 年和 2008 年建制镇的区域变动

建制镇的人口规模差异情况也不例外。2000 ~ 2004 年，全国四大区域的建制镇人口数都呈递增趋势发展，2004 ~ 2008 年，东部地区、中部地区、西部地区的镇人口数都在上升，而东北地区则略有下降（见表 2 - 6 和图 2 - 5）。

①　资料来源：http://politics. people. com. cn/GB/1026/14506891. html，2011. 9. 21.

表2-6　　　　　　　　　不同年份四大区域城镇人口及变动指数

指标	年份	东部地区	中部地区	西部地区	东北地区
城镇人口 （万人）	1964	5120	2487	2629	2474
	1982	7582	4552	4778	3718
	1990	11644	6953	6694	4719
	2000	20355	10449	10208	5555
变动指数	1964～1982	91.2	112.8	112.0	92.6
	1982～1990	106.9	100.8	97.5	88.3
	1990～2000	111.3	100.9	97.1	74.9
	2000～2005	100.6	102.8	101.8	89.3

资料来源：1953年、1964年、1982年、1990年和2000年的数据分为全国历次人口普查数据，2005年为全国1%人口抽样调查数据。其中，变动指数＝100×期间区域人口增长指数/期间总人口增长指数，或变动指数＝100×期末区域人口比重/期初区域人口比重。

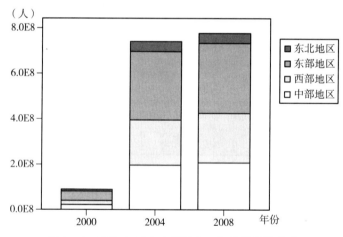

图2-5　2000年以来建制镇人口规模的区域变动

由以上分析可以看出，建制镇间存在明显的区域差异。同时，这种差异不仅存在于东、中、西等大的区域间，还深刻地体现在省域、县域乃至镇域内。2005年，"千强镇"主要分布在长江三角洲、珠江三角洲和北京、天津等地。超过20个小城镇的省市中，江苏 266 个、广东 152 个、上海 102 个、山东 49 个、福建 40 个、北京 29 个，浙江以 268 个遥遥领先。2005 年，"千强镇"平均每个农民人均纯收入是全国小城镇平均水平的 2.2 倍；人均居民储蓄存款余额为 1.5 万元，比首次测评出的"千强镇"平均水平增长29.5%，是全国小城镇平均水平的 3.5 倍；基本医疗保险参保人数比首次测评出的"千强镇"增长了 66.7%。2005 年"千强镇"创造的财政收入占到全国小城镇财政总收入的 54.1%，镇均财政收入达 2.41 亿元，是全国小城镇平均水平的近 11 倍。① 可见，2005 年，"千强镇"人口仅占全国小城镇人口的 10%，但创造的财政收入占到了全国小城镇的 50% 左右。

（三）我国小城镇发展的总结性述评

1. 小城镇综合力凸显，是实现中国特色城镇化过程中的重要一环

回顾我国小城镇的发展历程，虽然关于小城镇在国家发展和城市化中的地位一直有争议，但从国家发展战略中可以发现小城镇的地位是不可忽视的。

1978 年后，随着城乡经济的发展，一方面小城镇恢复了农村的经济和服务中心的地位，另一方面小城镇也在引入现代产业，发展城镇经济。小城镇数量的持续上升，在很大程度上改善了农民的生活和生产水平，在中国城市化进程中具有重要的意义和影响，它使城市的服务向农村广泛延伸了。

20 世纪 90 年代后期，中央各部门及地方政府为积极贯彻落实发展小城镇的战略思想，也分别制定和实施了一系列政策措施，包括发展全国重点镇、改革小城镇户籍制度、财税制度，完善社会保障体系等。实践证明，这些措施的出台与实施，给我国城镇化建设与经济社

---

① 资料来源：http://finance.people.com.cn/GB/4919079.html，2011.9.21.

会的发展带来了一定的积极作用。

当前，小城镇已成为吸纳跨区域流动人口和资本的新载体。建设部的百镇调研表明，一方面，小城镇劳动密集型为主的产业结构创造了大量的就业岗位，不仅吸纳了大量当地的富余劳动力，而且还吸纳了大量跨区域流动的农村富余劳动力；另一方面，小城镇的工业投资中，外部投资占了57%，其中外商及我国港澳台商投资占50%，国内大中城市企业的投资占7%，部分小城镇已发展成为跨国或跨区域投资目的地①。

由表2-7可见，小城镇承担着农村公共服务中心的职能。根据目前的发展态势，即使到城镇化的成熟阶段，仍将有4亿多人口在农村，多数在中西部，需要中西部县城和小城镇来承担提供公共服务的职能。因此，注重小城镇发展具有非常重要的战略意义。

表2-7　　　　　2009年平均每个建制镇的公共服务状况

名称	医生	病床	学校	在校生	教师	幼儿园、托儿所	图书馆、文化站	医院、卫生院	体育场馆	敬老院、福利院
数量	67人	91张	11.6所	5067人	334人	7.4个	1.8个	2.3个	0.5个	1.2个

资料来源：根据国家统计局2009年建制镇数据计算。

2. 规模过小的城镇不利于发挥城镇的集约效应

从我国国情及小城镇发展的历程来看，改革开放初期，在人口流动受到严格限制的背景下，我国城镇化进程的推进，采取在空间上广布点的、以小城镇为重点的发展模式，这是当时的社会经济环境下的一种理性选择。在我国城镇化过程中，总体来看，小城镇的发展自有其不可抹杀的历史功绩。

然而，随着城镇化进程的推进，在中国经济体制和社会结构发生

---

① 建设部课题组：《新时期小城镇发展研究》，中国建筑工业出版社，2007年。

急剧变化的情况下，小城镇的发展也存在因小城镇的集聚效益差、达不到规模经济、对第三产业特别是现代服务业带动作用小、资源浪费严重、生态环境破坏等问题。这主要表现在：（1）小城镇的增长明显具有粗放特征，达不到合意的规模经济和集聚经济效果，在一定程度上导致环境的污染和生态的破坏等。（2）一些小城镇无法持续、大规模地创造就业岗位。一方面，小城镇是地域性的政治、文化、医疗卫生、社会治安、农业技术服务等公共服务中心，可以集中一些初级的、针对人的健康和针对物的服务业，如餐饮、仓储、商贸等服务。但由于规模和服务半径所限，高级的服务业、对入门要求较高的行业，特别是针对资产的服务，如会计、法律服务、研究、证券投资等，很难在小城镇集聚。另一方面，小城镇可以集中工业，但也是有条件的，远离城市群和大城市的小城镇，一般只能有一两个依托当地资源的特色产业，不会大量集中产业。可见，小城镇的功能特点决定了一些小城镇无法发挥城镇的集约效应。

综上所述，小城镇的发展还存在一些不足，在大城市超前增长、大城市进一步发展的动力充足的条件下，既不应该也无必要以大城市作为"政策主导"的。我们认为当前中国城镇化道路最优政策重点应向县域倾斜，推动县域经济发展，形成县域范围内的劳动力流动，这将有利于推进城镇化的同时兼顾城乡一体化，全面提高城镇化的总体质量，下面进一步说明。

二、以发展县域经济为政策重点推动城镇化发展

县是中国社会最基层的行政单位。[①] 加快推进县域城镇化，对于解决"三农"问题，统筹城乡发展，实现经济结构调整和经济发展

---

① 吴良镛：《发展模式转型与人居环境科学探索》，载于《中国城市发展报告》编委会：《中国城市发展报告（2007）》，中国城市出版社 2008 年版。

方式转变具有重要意义。[1] 新中国成立以来，尽管国家一直鼓励县域小城镇的发展[2]，但实际上小城镇的发展并不尽如人意。改革开放初期，乡镇企业的发展虽然促进了小城镇的增长，但也主要限于东部沿海地区[3]，且人口的城市化远远滞后于非农化[4]。20 世纪 90 年代中期以后，乡镇企业市场竞争能力的减弱，限制了其对农村劳动力的进一步吸纳，小城镇的增长逐渐放缓。大城市的增长完全主导了我国的城市化进程[5]。

与此同时，学术界对中国城市化道路的讨论一直没停止过，讨论的焦点基本绕不开以何种规模的城市为"政策主导"（重点支持、优先发展）这一问题。小城市（镇）、大城市[6]、中等城市等都曾被主张作为重点支持的对象并对政策产生重要影响。但是，到目前为止，破解城乡"二元结构"的实践效果总体上离人们的期望还相差甚远。当前，尽管学术界更多地从经济效率角度出发主张以大城市为"政策主导"，但中央一直强调的是"坚持大中小城市和小城镇协调发展"、"统筹发展"和"区域协调发展"。"十二五"规划指出，"特大城市要合理控制人口规模，大中城市要加强和改进人口管理，继续发挥吸纳外来人口的重要作用，中小城市和小城镇要根据实际放宽落户条件。"城镇作为农村和城市衔接，既是城市的边缘又是农村的延续，它在县域经济发展中的地位和作用是不容忽视的。县级城市作为

① 李克强：《关于调整经济结构促进持续发展的几个问题》，载于《求是》，2010 年第 11 期，第 3～15 页。

② 周一星、于艇：《对我国城市发展方针的讨论》，载于《城市规划》，1988 年第 3 期，第 33～36 页。

③ 吴康、方创琳：《新中国 60 年来小城镇的发展历程与新态势》，载于《经济地理》，2009 年第 29 卷第 10 期，第 1605～1611 页。

④ 崔功豪、马润潮：《中国自下而上城市化的发展及其机制》，载于《地理学报》，1999 年第 54 卷第 2 期，第 106～115 页。

⑤ 王小鲁：《中国城市化路径与城市规模的经济学分析》，载于《经济研究》，2010 年第 10 期，第 20～32 页。

⑥ 这里的"大城市"是一般意义上的不确指的概念，即并非过去通常特指的 50 万～100 万人口的城市。

链接城乡的关键节点，县域经济的发展对人口城镇化的推动作用，以及部分地区的实践经验等，这些告诉我们，从中国的国情看，长期被忽视的中间层级即基于县域经济的中小城镇可以考虑成为现阶段中国城镇化道路的政策选择。

需要指出的是，基于县域经济的城镇既包括县级城市，也包括我们前面所提及的小城镇。接下来的分析中，我们将以县域城镇表示。具体分析如下：

（一）县域经济的发展为推动城镇化提供动力

党的十六大在我们党的党代会的正式文件中第一次使用了"县域"这个概念，而且发出了"壮大县域经济"的号召。自此，"县域经济"被正式纳入国家经济建设体制改革的范畴。此后，党的文献对县域经济内涵的表述不断深化。"十一五"规划建议关于县域经济的系统表述，表明21世纪新阶段的县域经济是新型县域经济，即从以乡村为依托、以农业和农村经济为主体的传统县域经济，向以县城和中心镇为依托、以非农经济为主导、第一、第二、第三产业协调发展的新型县域经济转变。在这一过程中，县域经济的内涵越来越丰富，县域经济的地位和作用越来越受到社会各界的关注。

县是我国经济、社会、政治、文化等功能比较完备的行政区划单元。截至2006年12月31日，全国县级行政区划2860个，其中，县级市369个；1635个县（自治县、旗、自治旗、特区和林区）；856个市辖区。我国人口的大部分分布于县域范围里（包括县级市和都市区以外的县级区），其中多为低收入居民。发展县域经济，既可以提高这部分群体的收入水平，也可提升县域基本公共服务水平，利于缩小城乡差距。县是我国经济社会功能比较完整的基层行政单元，县域经济是国民经济的基层经济，也是国民经济发展的基本支柱和统筹城乡经济社会发展的关键环节。城镇化的发展需要借助县域经济的总体发展来支撑，通过县域经济的产业结构调整、居民收入增加、人口素质提高、基础建设完善等来促进。因此，发展壮大县域经济，对解决中国的"三农"问题，推进城镇化进程具有十分重要的战略和现实意义。

县域经济，是指在县级行政区划内，以县城为中心，乡镇为纽带，广大农村为腹地的区域经济，具有区域性、层次性、综合性、集聚性和扩散性等特征。整个国民经济活动的各项指标在一个县市的范围内基本都可以得到反映。在县域这个范围内，既有城镇经济，也有乡村经济；既有第一产业，也有第二产业和第三产业；多种所有制全面发展，非公有制经济比重高。这些经济的发展都会在不同程度上推动城镇化的发展。县域经济是城镇经济与农村经济的结合部，作为工业经济与农业经济的交汇点，其特殊区位和特殊的部门功能，决定了县域经济的发展在统筹城乡发展进而加速城镇化进程中的重要地位。①

县域经济可以说是一个以县成为中心，以农村为腹地的经济格局。县城已经形成了现代化城市的雏形，城市基础设施基本齐全，城市功能较为完备；农村中，农、林、牧、副、渔、工、贸、建、运、服等全面发展；此外，县域内还有着纷繁复杂的部门和企业，层次不等的小城镇和范围不同的小区域经济。县域经济对城镇化的推动作用，从以下方面可见一斑。县域内经济的特色化发展，能在区域内形成核心竞争力，我国经济相对发达的县（市）实践就是例证。县域农业产业化的发展，可以为城镇化提供良好基础。而新型农村工业化的发展，则能为推进农村城镇化提供带动龙头。新型工业化直接推动县域经济快速发展，从根本上提高绝大多数人口的收入，直接解决基层农村的非农化的就业问题，直接推动城镇化进程。民营经济在调整县域经济结构，培育县域新的经济增长点，增加就业和保持社会稳定有积极的作用。作为县域经济的重要组成部分的县域特色产业集群，

---

① 蔡荣、虢佳花、祁春节：《县域经济与城镇化的协调发展》，载于《决策与统计》，2007年第9期。

则能够有效吸纳周围农村剩余劳动力由农业向第二、第三产业，由农村向城镇、工业园区转移，这样就能加快推进城镇化进程。

县域经济中的佼佼者已进入城镇经济的领域，全国几百个县级市已成为全国城镇经济的重要组成部分，东部沿海的不少县级市的经济实力已远远高于中西部的许多地级市。如以狭义的珠三角和长三角为代表的很多大城市地区的城市化水平已相当高。目前，我国东部沿海的多个核心地区，中部的武汉、长株潭、郑州、合肥和西部的重庆、成都等地区，都在切实推进城乡一体化，理论界与政府部门都非常关注这些地区的实践进展，并围绕这些区域开展理论与经验研究。南京大学商学院洪银兴教授等的研究很有代表性。[1] 洪银兴（2007）认为，达到全面小康社会水平的苏南和其他长三角地区，刘易斯"转折点"已经到来，已经进入了工业化的中后期阶段和工业、城市全面反哺农业、农村的阶段；长三角地区正在推进的城市化，不仅包括人口的城市化，也包括原来属于农村地域的城市化；城市反哺农村具有城乡一体化统筹协调发展的特征；反哺的实施中心需要转到地方政府，虽然乡镇政府仍然需要发挥作用，但县级政府越来越成为实施反哺的中心；以政府特别是县级政府为中心进行反哺，也就是由政府集中区域内企业的财力反哺农业和农村，其效果最为明显。这些研究表明，县级城市要么实际上已经成为这些地区城乡一体化的主导，要么多被有关学者建议为城乡一体化的主导。

（二）县域城镇的特殊地位利于城镇化质量的提升

从中国城市化的发展历程看，新中国的城市化经历了诸多曲折，与此同时，中国城市化发展的方针政策也随着城市化发展的不同阶段而不断演变。小城市（镇）、大城市[2]、中等城市都曾被主张作为重

---

① 张建华，洪银兴：《都市圈内的城乡一体化》，载于《经济学家》，2007 第 5 期。

② 这里的"大城市"是指一般意义上的不确指的概念，并非通常特指的 50 万 ~ 100 万人口的城市。

点支持的对象并对政策产生重要影响。虽然近些年来，中国城市化速度很快，但是，当前中国的城市化总体质量并不高。最明显表现在以下两方面：

一是土地的城市化快于人口的城市化。从表 2 - 8 可以看出，2000～2009 年城市建成区面积增长了 41%，城镇人口却只增长了 26%，这说明当前中国的城镇化是土地城镇化快于人口的城镇化。以上数据表明：大量土地资源用于城市建设，农村人口转移目标并没有实现。

表 2 - 8 　　　　　2000 年和 2009 年的城市建成区面积和城镇人口

年份	城市建成区面积（平方公里）	城镇人口（万人）
2000	22439	45906
2009	38107.3	62186

资料来源：《中国统计年鉴》。

一方面，土地城镇化过快，也是导致建制镇非农业人口密度下降的一个重要原因。我国存在土地城镇化快于人口城镇化，有其客观性、阶段性和必然性。目前，我国城镇化处于中期阶段，多数城市处于拉大城市框架为主的外延扩张阶段，其完善城市功能、增强承载力要占用一定空间，而人口增加却与城市功能完善有一个滞后期。另一方面，土地城镇化过快，更主要的还是推进城镇化的政策不完善及现行土地制度和财政体制下的一种必然结果。我国现行的土地制度，使得土地出让收入大大高于对农民的补偿和必要的土地开发成本，这是城市政府愿意扩展边界、占用更多土地的激励机制。在现行财政体制下，城市政府负担的公共服务和基础设施建设缺乏稳定足额的资金来源，而税收制度规定土地出让收入、土地直接税收和房地产、建筑业等与占地相关的税收主要由城市政府支配。这种财税利益分配，也激励地方政府以推进城市化之名行占用更多土地之实。这样，导致大量土地资源用于城市建设，农村人口转移目标却并没有实现。因此，把大幅提高城市、县城和建制镇建成区人口密度，应该作为今后推进城镇化发展的重要任务，使人口城镇化与土地城镇化的增长速度保持合理的比例。

二是城镇化过程中出现的"伪城镇化"现象。改革开放以来，人口流动导致农村剩余劳动力大量流向城镇，常年从事各种非农职业，客观上已成为城镇人口的重要组成部分。"六普"数据显示，居住地与户口登记地所在的乡镇街道不一致且离开户口登记地半年以上的人口为 26139 万人，其中市辖区内人户分离的人口为 3996 万人，不包括市辖区内人户分离的人口为 22143 万人。同 2000 年人口普查相比，居住地与户口登记地所在的乡镇街道不一致且离开户口登记地半年以上的人口增加 11700 万人，增长 81.03%；其中不包括市辖区内人户分离的人口增加 10036 万人，增长 82.89%。[1] 从统计意义上来看，这部分人属于城市人口，但从经济生活、社会心理等方面来看，他们没有真正融入他们所在的大城市。这就是最近发布的《中国财政政策报告 2010/2011》指出的：当前的城镇化更多的是一种"伪城镇化"。辜胜阻等（2006）[2] 认为：伪城镇化现象产生的主要原因是由于农村的"拉力"和城市的"推力"，即在农村社会保障体制不够健全的前提下，土地制度的保障功能是农村的"拉力"的主要来源；城市的"推力"主要表现为农民工在城市工作不稳定，很难融入城市生活，逐渐被"边缘化"。

针对我国城镇化过程中所出现的上述问题，有学者指出，县级城市应该成为现阶段中国城市化道路的战略性选择。已有的相关文献表明：县级城市要么实际上已经成为一些地区城乡一体化的主导，要么多被有关学者建议为城乡一体化的主导。在大城市地区以县级城市为

---

① 资料来源：http://politics.people.com.cn/GB/1026/14506891.html，2011.9.21.
② 辜胜阻、易善策、郑凌云：《基于农民工特征的工业化与城镇化协调发展研究》，载于《人口研究》，2006 年第 5 期。

主导推动城市化和城乡一体化的条件最为成熟（张建华和洪银兴，2007）[1]。

我国是单一制国家，按照中央政府统一领导、地方政府分级管理的原则，形成了自上而下的金字塔式的地方政府结构。在 2000 多年的行政区划变动中，县是最基本的行政区域，县级政府是中国政府管理与治理史上最稳定的行政单位。从行政建制上看，属于县级行政建制的有县（自治县）、县级市、市辖区；从政府职能的角度看，县级政府的职能中有"农政"也有"市政"。在长期的历史发展过程中，确立了县在国家行政体系中的基础地位。县是我国农村基本的区域性政权设置，是农村经济、政治生活的区域性枢纽，在国家行政体系中起着承上启下的作用。[2]

县域城镇作为联系城乡的关键节点，具有承上启下的重要作用。以发展县域经济作为"政策主导"组织要素集聚和人口集中不但经济成本低，制度阻力小，也易于人口集聚后的社会融合。可见，从目前来看，与让农民进大中城市和进小城镇相比，让农民走进县城，对于加快推进农村城市化的进程更为可行。

我国是一个农业大国，农村人口高度密集，农村人口转移的任务非常艰巨。发展县域经济，形成县域范围内的劳动力流动，更利于农村人口的转移。因此，构建以中心城市为核心，以县域城市为纽带，以中心镇为基础的三级城市体系，大幅提高城市、县城和建制镇建成区人口密度，使人口城镇化与土地城镇化的增长速度保持合理的比例，也就成为今后推进城镇化发展的重要任务。

（三）形成县域范围内的劳动力流动更利于大城市的长期发展

我国的城镇化可以从两类行政区划单元方面进行考察：一类是县

---

① 张建华、洪银华：《都市圈内的城乡一体化》，载于《经济学家》，2007 年第 1 卷第 5 期。

② 江易华：《当代中国县级政府基本公共服务绩效评估指标体系的理论构建与实证研究——基于社会公正的视角》，中国社会科学出版社，2010 年，第 4 页。

域。一方面，它自身通过农村人口向城镇的转移推进县域内城镇化发展；另一方面，它为中国城市输出大批劳动力和人口，促进城市化的发展，引发城乡结构的深刻变化。另一类是城市。它是发展第二、第三产业的主要平台，也是吸纳农村劳动力和人口的主要载体。[①] 我们通常所说的县域城镇化是指县域范围内的城镇化或劳动力流动，它是伴随着县域工业化和第三产业发展而发生的社会、经济结构的转换，这一转换主要表现为人口、非农产业、资本等要素由分散的农村向县域内城镇集中的过程。在这一过程中，县域城镇既接受大中城市文明的辐射，又要让城镇物质文明和精神文明不断向周围农村地区扩散。由此引发人们的思想观念和生活方式改变，县域产业结构不断演化，衍生出崭新的空间形态。按我国目前的规定，县域内的城镇包括县城区（含县级市区）以及县城以外建制镇，其余地区为农村地区。

促进城镇化和发展县域经济，关系我国经济社会发展全局。县域经济与城镇化问题是一个必须高度重视的战略问题。[②] 党中央多次提出要重视中小城市和小城镇的发展。1998 年，中共十五届三中全会《中共中央关于农业和农村工作若干重大问题的决定》指出："发展小城镇，是带动农村经济和社会发展的一个大战略。"2000 年，国务院颁发的《关于促进小城镇健康发展的若干意见》指出："发展小城镇，是实现我国农村现代化的必由之路。"2005 年，《中共中央国务院关于推进社会主义新农村建设的若干意见》中进一步明确："着力发展县城和在建制的重点镇，从财政、金融、税收和公共品投入等方面为小城镇发展创造条件，外来人口较多的城镇要从实际出发，完善社会管理职能。"2010 年，中央"一号文件"《中共中央、国务院关于加大统筹城乡发展力度，进一步夯实农业农村发展基础的若干意见》指出，要"推进城镇化发展的制度创新。积极稳妥

---

① 白志礼、谭江蓉、曲晨：《县域城镇化的特异性与发展思路探究》，载于《城市发展研究》，2007 年第 9 期。
② 凌耀初：《县域经济发展战略》，学林出版社，2005 年，第 12 页。

推进城镇化，提高城镇规划水平和发展质量，当前要把加强中小城市和小城镇发展作为重点。"可见，发展县域经济，推动县域城镇化进程，已被看成是缓解"三农"问题、实现城乡统筹和农村可持续发展的基本动力。①

大力发展县域经济，不仅可以引导农村富余劳动力向非农产业和城镇有序转移，而且可以带动乡镇企业和小城镇发展，促进农村劳动力就地转移，是加快城镇化进程的一个现实选择。我们分析"五普"和"六普"的人口迁移数据就能发现，人口的迁移是需要成本的。从城市等级体系来看，迁移者跨越的城市等级越多，其支付的迁移成本就会越高，受到的阻力也会越大。由此，我们可以推断：如果政府出台系列政策引导县域经济的发展，逐步形成县域范围内的劳动力流动，这样，大量农村人口可以就近向县域城镇流动和迁移，而发展壮大后的县域城镇又可以为更大规模的城市提供更多的高素质劳动力；同时，流动人口向县域城镇迁移，也能缓解一些大城市病，如交通拥堵、贫民窟蔓延等，进而避免"伪城市化"。

总之，大城市具有超前或超先增长的规律，决定了大城市的增长和发展在现阶段无须政府政策的刻意扶持。小城镇发展的实践、人多地少的国情和小城镇缺乏集聚经济、规模经济等因素决定了以小城镇为"政策主导"也不可行；发展县域经济，形成县域范围内的劳动力流动，既可兼顾城市化与城乡一体化，又可缓解大城市的压力，应当得到政策上的重点倾斜，但同时也应避免"一刀切"，注意具体措施的因时、因地制宜。

需要说明的是，本书强调政府的政策应向中小规模的县域城镇倾斜，但并不否定大城市在城市化进程中的"主导地位"。当前，我们依然需要利用具有自我发展动力的大城市来促进中小城市（镇）发展，最终达到大中小城镇的协调发展。

---

① 李文祥：《县域经济论》，兰州大学出版社，2005 年，第 28 页。

三、县域城镇化：新型城镇化的重要实现形式

改革开放以来，我国城镇化发展快速，当前仍处于快速发展阶段，但城镇化质量并不高。其中"伪城镇化"的现象尤为突出，大量农业转移人口不能真正地在城市就业和安家落户。为此，需要对城镇化战略进行调整与优化。2012 年，党的十八大报告提出走新型城镇化的道路。2014 年，李克强总理做政府工作报告时指出，要推进以人为核心的新型城镇化。同年，国务院出台了《国家新型城镇化规划（2014～2020)》，这是我国今后一个时期城镇化建设的纲领性文件。因此，基于县域经济的发展推动城镇化，其本质是要走县域新型城镇化道路。

（一）新型城镇化：以人为核心的城镇化

新型城镇化是相对于传统的城镇化模式而言的，目前学界对这一概念的内涵、道路，动力机制尚无统一的认识。结合党的十八大、十八届三中全会、十八届四中全会、十八届五中全会、中央经济工作会议及《国家新型城镇化规划（2014～2020)》的新思想，我们认为，新型城镇化"新"在以人为本，其核心是人的城镇化，关键是农民市民化，重点是通过改革户籍制度，以及建立在此基础之上的社会保障制度，实现城乡一体化发展。其内涵与特征具体表现如下：

1．新型城镇化的核心是人的城镇化

新型城镇化基本价值追求是以人为本。其基本要求包括以下三个层面的内容：首先，要充分尊重人的自由选择，实现人的自由流动。城镇化是人口向城市自由流动，要素向城镇聚集的过程。人的城镇化必须坚持以人为本，充分尊重农民的意愿。一些地方盲目"造城"，强迫"农民上楼"，不仅损害了人民群众的利益，也影响了经济社会的协调发展。其次，要保证人的权利公平。国家推进城镇化的目的在

于让更多农民享受城镇发展、经济社会发展的成果，因而，要让所有为城市建设发展作出贡献和牺牲的农民工，都能够和城镇居民一道，享有平等的政治、经济、文化各方面权利。最后，要不断提升福利水平，促进人的生存发展。人的城镇化要求政府加大民生投入，改善与人生存发展密切相关的教育、医疗卫生、社会保障等公共服务，不断增强城乡居民的幸福感。

2. 新型城镇化的关键是农民市民化

传统的城镇化模式，从经济增长的核心目标出发，因而只关注土地的城镇化而忽视了农民的市民化。大量的土地实现了非农化，但是过去依附在土地上的农民却没能相应的实现市民化。转移农村劳动力不能市民化，无论对农村，还是对城镇，都会带来不少社会问题。以人的城镇化为核心，就是要有序推进农业转移人口市民化，即农民市民化不断提升城镇居民生活品质。正如李克强同志指出，"新型城镇化，是以人为核心的城镇化。现在大约有 2.6 亿农民工，使他们中有愿望的人逐步融入城市，是一个长期复杂的过程，要有就业支撑、有服务保障。"从更深层意义上说，农民市民化意味着让更多的人进入到更高水平、更具现代文明的生产方式、生活方式中来。

3. 新型城镇化的重点是制度创新

影响农民工市民化的因素很多，从大的方面讲，这是由我国的国情和经济社会发展所处的阶段决定的；从小的方面看，与我们城市自身基础设施、人口容量、公共服务能力等有密切联系。实现农民工的市民化，包括许多方面，如身份的市民化、生活方式的市民化、平等的享受市民待遇等。而就当下中国的实际看，实现农民工身份的市民化、让他们能够平等的享受市民待遇是最为直接的问题，也是农民工最为关心的问题，就是就业问题，而就业问题的解决离不开职业教育。

（二）基于县域经济的城镇化对新型城镇化的作用

县域城镇化从其具体表现形式来看，可以分为"就近城镇化"

与"就地城镇化"两种。"就近城镇化"与"就地城镇化"作为县域城镇化的两种具体分析表现形式，二者之间还是有细微的区别。具体来说，"就近城镇化"是指原农村人口不是远距离迁徙，而是近距离迁移到家乡附近的市镇，主要界定为以县级城镇为核心的城镇化，"就近"主要是相对于跨省和跨地级市的长距离流动而言。从中国的地理特点来看，县级行政单位，不仅在地域文化上具有相似性，同时随着交通机动化的发展也在通勤距离范围以内，非常有利于城乡流动和一体发展。而"就地城镇化"则是更突出了农村的就地改造，即农民并没有迁移到其他地方，而是在世世代代居住的乡村地区，完成了向城镇化、现代化的转型。[①]

从前述分析可以看出，县域城镇化有利于城镇化的健康发展，在我国城镇化区域发展差异显著和制度衔接面临巨大成本的情况下，推进就近、就地城镇化有利于降低城镇化的制度障碍和农村人口城镇化的社会成本。

从城镇化的发展历程来看，改革开放以来，我国一些地方已经比较成功地实现了县域城镇化，为我们提供了相对成功的案例，包括浙江的一些乡镇和村庄、河北的白沟镇、大邱庄、华西村等。这些成功的案例之所以能成功，其背景主要的动力源是：农民的非农产业发展、交通便捷、农村生活方式的改变等。可见，县域经济发展水平与城镇化水平高度相关。新型城镇化是集约、节能、生态的城镇化道路，其本质是要实现"人的城镇化"，因此，新型城镇化的关键是要将现代产业发展和城镇建设融合。同时，要缩小区域差距，县域经济的发展是必不可少的途径。

县域经济的发展能为统筹城乡发展、推进新型城镇化进程提供动力。首先，县域农业产业化的发展，为农村城镇化提供基础，是县域城镇化的重点和核心。我国长三角和珠三角等沿海地区已经因其特有

---

① 李强、陈振华、张莹：《就近城镇化与就地城镇化》，载于《广东社会科学》，2015 年第 1 期，第 186～199 页。

的区位优势，在此基础上，已经发展了"出口型"、"外资型"等形式多样的乡镇企业和民营工业，"如果单就城市的经济功能而言，如工业、商业、交通运输、海外贸易等，区位对城市的发展几乎是具有决定性的意义。"① 更具普遍意义的例子，例如，山东德州的"两区同建"模式和河南新乡的"农村社区"模式，都是以农业产业化和农村产业园作为农村就地城镇化的经济支撑。

其次，地区特色产业的发展，是县域城镇化的重要产业支撑。有优势资源的地区，其特色产业的发展将起主导和决定作用。实践证明，培育和发展农村特色产业，一方面，可促进乡镇经济的持续健康发展；另一方面，也能安置大量农业转移人口，推动先进技术的应用和实现农业的适度规模经营。而县域经济民营化的发展，则为县域城镇化提供制度保障。"农业产业化是我国农业经营体制机制的创新，是现代农业发展的方向。"② 农业产业化经营是实现农业现代化的前提。从当前党中央提出的"四化"同步战略来看，农业产业化将是农村就地城镇化的最大推动力量。

---

① 徐康宁：《文明与繁荣——中外城市经济发展环境比较研究》，东南大学出版社，2003 年，第 47 页。

② 《国务院关于支持农业产业化龙头企业发展的意见》，中华人民共和国农业部公告，2012 年。

第三章

县域人口城镇化的
影响因素分析

在县域范围内，影响县域人口城镇化的因素是多方面的。由前面的分析可以看出，县域因素对人口城镇化的重要作用。而制约引导社会经济发展的各种因素在空间上呈现出非匀质特性，这种非匀质性导致的空间差异使得我国的国民经济是由具有不同发展水平、不同发展阶段及不同发展能力的经济板块所组成，这些板块就是所谓的区域。这些不同区域之间，在社会经济和城镇发展基础条件上是很不均衡的。这也就是我们通常所说的，由于自然环境、区位条件、经济发展水平及历史文化等因素的差异，中国城市化发展存在着明显的地域差异。2006 年国家"十一五"规划纲要中明确提出"根据资源环境承载能力、现有开发密度和发展潜力，统筹考虑未来我国人口分布、经济布局、国土利用和城镇化格局，将国土空间划分为优化开发、重点开发限制开发和禁止开发四类主体功能区。"在推进形成主体功能区的过程中，各类主体功能区在全国经济社会发展中具有同等重要的地位，但因主体功能不同，开发方式不同，保护内容不同，发展首要任务不同，国家支持重点不同。因此，在主体功能分区战略下，必然会产生不同的土地空间格局和城市发展模式。为此，本章试图以区域非均衡发展战略理论为指导，在功能区划背景下探讨县域人口城镇化的区域类型，从县域经济的角度，探讨影响县域人口城镇化的内生因素，并对其内生影响因素进行因子分析，确定县域人口城镇化的自变量，为构建县域人口城镇化的理论模型奠定基础。

一、区域非均衡发展的理论与实践分析

发展战略是一个国家或地区的发展方略，是一个由理念到实务的发展规划体系。在工业革命后，实现工业化是一个具有普适性的发展战略目标，为世界各国或地区所追求，因此，如何有效利用有限的资源去推动工业化进程就成为一种发展战略的选择。在研究落后国家或地区经济发展问题时，一些经济学家提出过平衡发展理论注重产业的协调发展及缩小地区间发展差距，有其合理的一面，尤其是当社会经济发展到一定阶段时，产业或区域的协调发展就显得尤为重要，但欠发达国家或地区普遍存在的地区间发展差异很大，地区间的区位、资源、产业基础、技术水平、劳动力素质等经济发展条件的差异，使得投资效率和经济效果因地而异，条件好的地区投资效率高，反之亦然。针对平衡发展理论存在的上述缺陷，理论界对其进行了批评，并提出与之相对的非平衡发展理论。

相比较而言，非均衡发展理论对实践的影响较大且成效较明显。在非均衡发展理论中，增长极理论揭示了经济非均衡发展规律，并为许多国家尤其是发展中国家或地区的发展战略选择提供了理论基础。由于增长极是非均衡发展规律的一种典型表现形式，因此，为制定国家区域发展战略提供了强有力的理论支持。而且，即使在解决非均衡发展的负面效应时，也常使用非均衡的资源配置手段。例如，为了解决地区差距过大的问题，政府通常会实施一些具有空间针对性的区域发展规划或特殊政策，这实际上是在相对落后地区构建增长极以缩小区域差距。从这个意义上说，增长极理论或非均衡发展理论作为一种工具性理论具有绝对意义的。[①] 需要指出的是，非平衡发展理论并非

---

① 殷丰毅：《区域发展与政策》，社会科学出版社，2011年，第60页。

一个统一的理论体系，它是由出自不同理论视角或专业背景的一些相同观点所组成。

增长极的概念，是由法国经济学家佛朗索瓦·佩鲁（Francois Perroux）于 1955 年首次提出。佩鲁认为在经济环境或空间中存在一些具有支配地位的"推进型单元"（propulsive unit），它们有着某些潜在或现实的发展优势，如地理区位、要素资源禀赋、信息资源、社会文化的创新基因等，因此，经济增长点总是在最先出现在"推进型单元"的经济空间，这类经济空间就是增长点或增长极（growth pole）。[①] 佩鲁认为这些经济增长极会产生类似"磁极"作用，对一定空间范围会产生支配效应（domonation effect），即"极化效应"（pole effect）与"扩散效应"（spill over effect）。"极化效应"是指推进型单元会以其既有的发展优势对周边一定空间范围产生向心力，把周边地区的各种要素资源吸纳过来，从而一方面会使增长极区域得到充分发展；另一方面则会对周边地区产生一定的增长排挤效应，这种现象典型地表现在城乡或大城市与小城镇的关系上。到一定发展阶段，增长极区域的要素资源会向周围地区扩散，从而起到带动周边地区发展的效应。[②]

增长极理论是非均衡发展理论中的核心成分。这一理论对发展政策及实践的影响力大，非均衡发展的其他相关理论都是从增长极理论衍生出来的，是增长极理论的延伸或完善，这些相关理论中较具影响的是"核心区—边缘区"理论。美国经济学家赫希曼在《经济发展战略》一书中提出区域发展中的"核心区—边缘区"理论，他进一步指出，经济进步不会同时在每一处出现，经济增长点的动力来源于增长点内部的集聚效应，由此所产生的极化效应将会使周边地区成为增长的边缘区。此外，还有梯度推移理论、点—轴发展理论等。

---

① Perroux Francois, "Economic Space: Theory and Applications", Quarterly Journal of Economics, Feb. 1950, Vol. 64 Issuel, pp. 89 – 104.

② 殷丰毅：《区域发展与政策》，社会科学出版社，2011 年，第 50 页。

我国经济学家也将增长极理论引入区域经济理论的研究之中，并结合我国区域经济发展的特点，形成了我国的区域增长极理论。认为增长极是指具有推动性的主导产业和创新产业及关联产业在地理空间上集聚而形成的经济中心。此外，因区域大小不同，相应的增长极可分为不同的规模等级。不同等级的增长极相互连接，实现了增长极由点→线→面的衍变，共同构成了区域经济的增长中心体系和空间结构的主体框架。该理论还强调区域之间的非均衡发展，突出了增长极的凝聚力和协同力，并力图打破现行的行政边界的约束，充分发挥比较优势，展现聚集效应，推动区域的产业结构、空间结构发生变化，进而带动整个区域的经济增长。[①]

中国的区域发展战略就是增长极理论的充分实践。中国改革开放30多年来所走过的发展历程显示，"让部分地区发展起来"是非均衡发展理论的通俗表述，宏观上的沿海发展战略、西部大开发、振兴东北、中部崛起等区域发展战略，中观层面的上海浦东开发区、天津滨海新区、福建海峡西岸经济区、广西北部湾经济区等，都是不同阶段上由政策干预产生的不同规模和不同类型的诱导性增长极。正是这些不同规模和不同类型的增长极交替作用，带动了中国经济30多年来的高速增长，也推动了中国要素禀赋结构的转变，从而推动了中国经济的结构性进步。[②] 从中国的实践看，非均衡发展战略的积极面非常明显，中国改革开放30多年来的经济高速增长就是明证。当然，非均衡发展所导致的区域差距扩大也是不争的事实。总之，中国改革开放30多年来的各种区域发展战略，构成了追寻效率与公平的动态过程，虽然这个过程仍在进行中，但我们发现，非均衡发展能集中有限资源构建一些带动国民经济的增长极，这些增长极能为政府在全国范围内协调区域发展及遏制区域差距恶性扩大提供必要的物质基础，在市场规律的支配下，

---

① 肖冰：《跨越发展——解读温家宝观察中关村讲话》，载于《中国高新区》，2005年第7期。

② 殷丰毅：《区域发展与政策》，社会科学出版社，2011年，第61页。

增长极本身也会释放一定的扩散效应带动周边地区的发展。当然，这得靠政府利用发展所积累的能力去实现区域协调发展。

二、县域人口城镇化的区域划分

区域发展不平衡是一个世界性的普遍现象。从世界角度看，许多幅员辽阔国家的国民经济整体发展通常是由区域性的增长极所带动，如美国、德国、苏联等都在不同时期采用具有空间差异性的政策支持来推动特定区域的发展。从党中央先后提出了一系列区域发展战略来看，中国更是如此，因此，区域发展的不均衡是我国国情的基本特征之一。

（一）经济区域的划分

县域城镇作为我国行政区划的基层区划制度安排，受所在地域的自然地理条件和经济发展水平等的限制，各区域差异较大。从历史进程看，不同时期区域的县域城镇发展的状况，既受到自然禀赋、经济社会发展水平的影响，又受到区域发展政策的影响，随着区域经济发展重点的转移而有所差异。在统计和政策分析中，人们习惯于根据经济发展水平和地理位置，即经济区域的划分，来进行区域间的比较分析。我国经济区域的划分，随着时间的推移而有所变动，具体变动见表3-1。

表3-1 三大地带和四大区域的划分

名称	时期	地域划分	区域数	地域范围
三大地带	"七五"至"九五"规划	东部地区	12	辽宁、北京、天津、河北、山东、上海、江苏、浙江、福建、广东、广西、海南
		中部地区	9	吉林、黑龙江、内蒙古、山西、河南、安徽、湖北、湖南、江西
		西部地区	10	重庆、四川、贵州、云南、西藏、陕西、甘肃、宁夏、青海、新疆

名称	时期	地域划分	区域数	地域范围
新三大地带	"十五"规划	西部地区	12	广西、内蒙古、重庆、四川、贵州、云南、西藏、陕西、甘肃、宁夏、青海、新疆
		中部地区	8	吉林、黑龙江、山西、河南、安徽、湖北、湖南、江西
		东部地区	11	辽宁、北京、天津、河北、山东、上海、江苏、浙江、福建、广东、海南
四大区域	"十一五"规划	西部地区	12	广西、内蒙古、重庆、四川、贵州、云南、西藏、陕西、甘肃、宁夏、青海、新疆
		东北地区	3	辽宁、吉林、黑龙江
		中部地区	6	山西、河南、安徽、湖北、湖南、江西
		东部地区	10	北京、天津、河北、山东、上海、江苏、浙江、福建、广东、海南

资料来源：魏后凯：《"十一五"时期中国区域政策的调整方向》，载于《学习与探索》，2006年第1期。

（二）主体功能分区

中国改革开放30多年的发展，是一个非均衡发展理论的实践过程，且充分显示了该理论对实践的正面效应。当然，负面效应也是不可避免的，即发展在经济地理空间上的二元现象日趋突出，这是有待在发展基础上进一步加以克服的问题。为了扭转社会经济发展不协调状况，国家"十一五"规划纲要中明确提出"各地区要根据资源环境承载能力和发展潜力，按照优先开发、重点开发、限制开发和禁止开发的不同要求，明确不同区域的功能定位，并制定相应的政策和评价指标，逐步形成各具特色的区域发展格局"。[①] 党的十七大报告指出，到2020年要基本形成城乡、区域协调互动发展机制和主体功能区布局。"十二五"规划，提出了促进区域协调互动发展，强调实施

---

① 参见《中共中央关于制定国民经济和社会发展第十一个五年规划的建议》，新华网，2005年10月19日。

区域发展总体战略和主体功能区战略，把实施西部大开发战略放在区域发展总体战略优先位置，充分发挥各地区比较优势，促进区域间生产要素合理流动和产业有序转移，在中西部地区培育新的区域经济增长极，增强区域发展协调性。可以预见，主体功能区规划将规范我国社会经济发展的空间开发秩序，形成合理的科学空间布局，确保国民经济结构优化和可持续发展。

在四类主体功能区域中，优化开发区是指开发密度较高、资源环境承载能力开始减弱的区域；重点开发区是指资源环境承载能力较强、经济和人口集聚条件较好的区域；限制开发区是指资源环境承载能力较弱、大规模集聚经济和人口条件不够好，且关系到较大范围生态安全的区域；禁止开发区域是指依法设立的各类自然保护区域。[①]各类主体功能区的分类及其功能如图3－1所示。

主体功能区分类及其功能

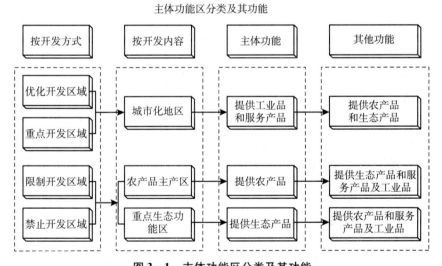

图3－1　主体功能区分类及其功能

资料来源：http://www.gov.cn/zwgk/2011－06/08/content_1879180.htm.

---

① 国家发展和改革委员会宏观经济研究院国土地区研究所课题组：《我国主体功能区划及其分类政策初步研究》，载于《宏观经济研究》，2007年第4期。

根据《全国总体功能区划》，优化开发和重点开发区域都属于城市化地区，开发内容总体上相同，开发强度和开发方式不同。限制开发区域分为两类：一类是农产品主产区，首要任务是增强农业综合生产能力；另一类是重点生态功能区，首要任务是增强生态产品生产的能力。这两类区域应该限制其进行大规模高强度工业化城镇化开发。

国土资源规划的功能区划分，会起到引导产业合理布局的导向性作用，对跨区域的产业关联及分工合作都产生一定程度的激励和约束。目前，我国有许多城市在其国土资源规划中，都明确划分了不同区县的经济或产业功能定位，这种做法有利于缩小城市内部不同区县间的差距。当然，我国的跨行政区划国土规划还不多见，已有的区域经济格局有：以北京、上海、广州等为辐射源头的三大经济圈，即长江三角洲、珠江三角洲、京津冀三大城市群（经济带），这三大城市群是我国的三大经济增长极。随着区域经济一体化的发展，我国已进入一个高速发展的城市化阶段，人口和经济活动不断向城市及由这些城市所组成的城市群集中。

总之，主体功能区划着重从"合理开发"的角度对不同区域进行功能定位，对开发秩序进行规范，开发强度进行管制，开发模式进行调整，引导形成主体功能清晰、发展导向明确、开发秩序规范、开发强度适当，经济社会发展与人口、资源环境相协调的区域发展格局。

（三）人口发展功能分区

党的十七大报告提出，到 2020 年，要基本形成城乡、区域协调互动发展机制和主体功能区布局。推进形成主体功能区，必须坚持以人为本，引导人口与经济在国土空间合理、均衡分布。人口作为经济社会发展最基本、最能动的要素，在主体功能区规划建设中具有重要地位，人口有序迁移和适当集聚，既是构建主体功能区的主要目标，

也是推进形成主体功能区的重要手段。因此，科学编制人口发展功能
区规划，这既是推进形成全国主体功能区的一项基础性工作，也是统
筹解决人口问题的重要举措。

　　在现代化进程的前期阶段，工业化发展带动着人口发展，工业化
规模决定着城市化进程、产业布局主导着人口布局。由此决定了，这
一时期的国民经济规划必然要把产业规划作为主要的基础性变量，主
导并带动包括人口发展在内的其他经济社会部门的规划。但是，随着
现代化进程的不断加速，我国的国民经济发展以工业化为主导格局，
逐步被以城市为主导的新格局所取代。城市化作为以人口发展为中心
的空间集聚地特征，将人口生存状态、公共基础设施、资源环境协
调、政府公共管理连同产业发展组合成一体，反过来成为拉动工业化
发展的决定性因素。这种阶段性的变化，从客观上要求我们把人口发
展作为整合国民经济各类资源的基础，并通过城镇化，重新构造我国
经济社会发展环境的空间分配模式。①

　　为了科学把握制约人口分布的自然条件、资源环境、经济社会
及人文条件，开展人口发展功能区工作，科学制定不同类型区的人
口发展规划和政策，引导人口有序流动和分布。国家人口计生委开
发了系列研究，并取得了重要成果。2004 年组织开展了国家人口
发展战略研究，2005 年进行了资源枯竭型城市人口与发展问题研
究，2006 年组织了生态屏障、功能区划与人口发展的专题研究。
从 2005 年启动了人口发展功能区工作到 2008 年 4 月下发《关于开
展人口功能发展区编制工作的指导意见》（以下简称《指导意见》），
这一期间国家人口计生委"生态屏障、功能区划与人口发展"课题
组在促进人口、资源、环境与经济、社会协调发展方面开展广泛深入
的研究，并提出了人口发展功能分区的总体框架。人口发展功能分区

---

　　① 国家人口和计划生育委员会发展规划与信息司编：《人口发展功能区研究（上）》，
世界知识出版社，2009 年，序。

的总体框架①：基于每平方公里的格网数据，以县域为基本单元，系统评价不同地区人口发展的资源环境基础和经济社会条件②，遵循自然规律和经济社会发展规律，统筹考虑国家战略意图，将全国划分为人口限制区、人口疏散（收缩）区、人口稳定区、人口集聚区等4类人口发展功能区。

人口发展功能区的划分主要以自然资源等为基础，以人口为主线，科学划分人口发展功能区，并制定和实施差别化的政策体系，利于引导人口的有序流动与适度聚集，扩大人口的生存与发展空间，逐步形成"聚集区人口成网连片、稳定区人口连线成轴、收缩/疏散区人口以线串点"的人口和产业布局，形成区域功能互补、协调发展的格局，保障国家生态安全，缓解资源环境压力，促进经济发展与生态保护的良性互动。其中：（1）人口限制区主要是自然环境不适宜人类常年生活和居住的地区，包括国家禁止开发的自然保护区、国家森林公园、国家地质公园和风景名胜区等。（2）人口疏散（收缩）区地处人居环境临界适宜或一般适宜地区，目前这类地区生态环境脆弱，人口与产业相对分散，城市化水平不高，人口与资源环境关系相对失衡，大都是国家生态屏障地区和国家重点扶贫县集中分布地区。（3）人口稳定区地处人居环境适宜地区，此类地区人口与产业集聚，交通便利，城市化水平较高，人口与资源环境经济社会基本协调，但发展潜力不大，对区外人口吸纳能力不高，人口规模有待稳定。这类地区的战略重点是提高人口城镇化质量、实现经济持续增长，加快人口城镇化步伐，依托基础条件较好、发展潜力较大的城市，培育若干城市群和都市圈，加强和优化基础设施建设，提高公共服务能力，适度增加人口。（4）人口集聚区地处人居环境比较适宜和高度适宜地

---

① 国家人口和计划生育委员会发展规划与信息司编：《人口发展功能区研究（上）》，世界知识出版社，2009年，第5~6页。

② 评价指标包括人居环境指数、水资源承载指数、土地承载指数、物质积累指数和人类发展指数等5个主要指标、24个辅助指标和120多个基础指标。

区，此类地区人口与产业集聚，交通便利，城市化水平较高，人口与资源环境经济社会协调状态良好，人口吸纳能力较强，具有一定的发展空间，是我国未来人口和产业的主要集聚区。

（四）主体功能分区与人口发展功能分区的比较

主体功能区与人口发展功能区既有联系，又有区别。

一方面，人口发展功能区与主体功能区划均属于功能区划的范畴，是编制相关规划的依据。二者都综合考虑各区域的资源环境承载力等因素，把国土空间划分为不同的功能区，在区域发展和布局中承担不同的分工定位，并配套实施差别化的区域政策和绩效考核标准，这将有利于逐步打破行政区划分割、改善空间开发管理的方式和机制[①]，为经济社会的可持续发展提供科学依据的基础性工作，是政府明确区域功能定位、调整现有开发模式、规范空间开发秩序的重要手段，是实现决策科学化、管理现代化、区域开发合理化的重大管理创新，也是国家人口合理流动和"十二五"规划纲要在国土空间上的落实和体现。

另一方面，人口发展功能区与主体功能区划是同一问题的两个不同方面。人口发展功能区划主要研究一个地域在人口迁移过程中的集疏、人口有序流动和分布对经济发展和生态环境的影响等，主体功能区划着重研究区域资源环境承载能力的国土开发的空间管理功能。二者是同一个问题的两个不同方面，都是为了协调好每个功能区局部同整个区域整体的关系，不同层级区域的同一地域功能之间的关系，最终都是为了实现人与自然的和谐发展，这也是地域功能的多样构成属性的体现[②]。从表3－2中，我们可以比较清晰地了解二者间的区别与联系。

---

① 高国务：《如何认识我国主体功能区划及其内涵特征》，载于《中国发展观察》，2007 年第 3 期。

② 樊杰：《我国主体功能区划的科学基础》，载于《地理学报》，2007 年第 4 期。

表 3 - 2 人口发展功能分区与主体功能分区功能定位的比较

人口发展功能分区	功能定位	主体功能分区	功能定位
人口限制区	自然环境不适宜人类常年生活和居住的地区；此外，国家禁止开发的自然保护区、国家森林公园、国家地质公园和风景名胜区等也应纳入人口限制区的范围	禁止开发区	依法设立的各类自然保护区域
人口疏散区	国家生态屏障地区和国家重点扶贫集中分布区。该类地区生态环境脆弱，人口与产业相对分散，城市化水平不高，物质积累基础和人文发展水平处于中等以下	限制开发区	资源环境承载能力较弱、大规模集聚经济和人口条件不够好，且关系到较大范围生态安全的区域
人口稳定区	人口与产业集聚，交通便利，城市化水平较高，人口与资源环境经济社会基本协调，但发展潜力不大，对区外人口吸纳能力不高，人口规模有待稳定，发展重点是人口城镇化质量和经济增长持续性	优化开发区	指国土开发密度较高、资源环境承载能力开始减弱的区域
人口集聚区	人口与产业集聚，交通便利，城市化水平较高，人口与资源环境经济社会协调状态良好，人口吸纳能力较强，具有一定的发展空间，发展重点是人口集聚规模、经济增长速度与质量	重点开发区	资源环境承载能力较强、经济和人口集聚条件较好区域

资料来源：曾群华、徐长乐、武文霞、蔡琴：《人口发展功能分区与主体功能分区的比较研究》，载于《人口与经济》，2010 年第 1 期。

从前面的分析可知，国家人口功能分区的主要依据：不同地区人居环境的自然适宜性和限制性；不同地区的水土资源承载力与人口发展潜力；不同地区的社会经济条件与人类发展水平；不同地区的开发密度与发展潜力。国家已公布的 22 个限制开发区与 265 个国家级自然保护区大面积重叠，实际上禁中有限、限中有禁，难以截然分开。从理论上，人口发展功能区与主体功能分区并不是严格对应的，人口限制区应该是禁止开发区，人口集聚区可以作为重点开发区，人口疏散主要是限制开发区，但人口稳定区并不完全对应于优化开发区。就四类主体功能区的空间关系来看，重点开发与优化开发区主要在东、中部，限制开发与禁止开发区主要在西部和边境，这与人口的四类功能区分布基本一致，并无矛盾。但人口功能区以人口为载体，因素相对单一，界线易于确定。

无论是国家发展战略的资源布局，还是一个地区的主导产业的选择，都受到空间因素的约束。因此，我们在分析县域人口城镇化的影响因素时，区域也应成为其中的一个关键变量。在后面的分析中，我们将同时考虑主体功能区划与人口发展功能区划两大因素，将其作为理论模型中的自变量。

三、影响县域人口城镇化的经济因素

城市化是社会经济进步的结果，也是社会经济发展的必然过程，因此，城市化过程必然受到社会经济等诸多因素的影响，从而表现出不同的城市化特征。在中国城市化的进程中，城市化的动力机制是随着生产力的发展水平而不断变化的。

工业化是城市化的基本动力，城市化先由工业的发展而启动并加速，再到第二、第三产业的共同推动，最后过渡到主要依靠第三产业的发展和成熟，这是世界城市化的一般模式。但对于某一小范围的具体地域而言，城市化的动力会有所区别，但基本动力主要是这三个方面，即城市化的基本动力可以简单归纳为"在城市化初期，农业剩余缓慢推动了工业资本的积累，城市基础设施也逐渐扩张。进入城市化快速发展阶段，工业化迅速带动了第二、第三产业的发展，大量剩余劳动力向非农产业转移。此后，非农产业内部开始进行结构调整。劳动力从第二产业向第三产业转移，城市化进入平稳停滞时期"[1]。关于三大产业对城市化的影响，国内学者进行了诸多探讨并取得了一些理论成果。具体来说，三大产业对城市化的"推—拉"作用具体

---

① 辜胜阻：《中国跨世纪的改革与发展》，武汉大学出版社，1996年，第308页。

可概括为以下几点：

第一，农业是最基本的推动力。从城市化的历史看，"农业发展总是构成城市发展的先决条件"①。当农业发展到一定水平，农村才会出现剩余产品和剩余劳动力，从而有交易和分工的需求，进而推动了城镇的雏形——集镇的产生。农业对城镇化的支持不仅表现为农业剩余的贡献，而且在城乡经济互动的过程中表现为全方位的支持。即使是在工业部门占主导地位的现代，传统农业部门还在为城市化的发展提供重要的推动力量。陈柳钦（2005）从"农业对城市化的支持"和"农业为城市化提供剩余的方式"两个方面来进行了总结，即"农业对城市化的支持"表现为农业发展对城市化的"食物贡献"、农业发展对城市化的"原料贡献"、农业对城市化的"市场贡献"、农业发展对城市化的"人力资源贡献"、农业发展对城市化的"资金贡献"和农业发展对城市化的"土地贡献"；而农业为城市化提供剩余的方式主要有赋税方式、价格方式、储蓄方式和财产剥夺方式。

第二，工业化是城市化的核心拉动力。虽然城市起源于农业的发展，但是，城市的真正发展需要依赖工业，可以说，城市化是工业化的必然趋势。工业化是城市化的经济内涵，城市化是工业化的空间表现形式，工业化是因，城市化是果，"如果没有体制、政策等方面的强制约束，工业化必然带来城市化"②。世界各国的实践表明，城市化是随着工业化的出现而大力发展的，工业化是城市化的"发动机"，是城市化的根本拉动力。

第三，第三产业给城市化以后续拉动力。在城镇化的初期，第一产业对城镇化的推动作用最大，随后城镇化的动力逐步转移到第二产

---

① 辜胜阻：《中国自下而上的城镇化发展研究》，载于《中国人口科学》，1998 年第3 期。
② 顾益康：《对乡镇企业——小城镇道路的历史批判》，载于《农村经济问题》，1989 年第 3 期。

业，当进入城镇化的中期之后，第三产业成为推动城镇化的主要力量（杨治等，2000）。在工业化的中后期，第三产业作为工业化的后续力量开始发展并迅速成了拉动现代城市化的动力之一（杨治，杜朝辉，2000；李清涓，2003）。发达国家的实践表明，经济发展到一定水平后，第三产业发展同城镇化水平高度正相关。第三产业的拉动作用主要表现在"促进城市经济集聚效益的实现"、"激发城市外部经济效应"和"促进城市经济扩散效益的发挥"等方面。

总之，随着经济的不断发展以及人们生活水平的不断提高，第一产业在国民经济中的比重不断降低，而第二、第三产业的比重逐渐升高。与此同时，三次产业的就业人口也存在同样的规律，即在经济发展的过程中，从事第一产业的劳动力在总就业人口中的比重不断降低，而从事第二、第三产业的人数比例不断上升。而第二、第三产业由于集聚的要求通常集中于城镇地区，相应地，就业人口也不断转移到城镇从而推动城镇化进程，城镇化进程就是产业不断地从低级向高级演变的伴生发展过程。

综上所述，城市化过程是一个综合发展的过程。影响城市化的因素不仅仅涉及人口和劳动力本身，还涉及经济规模、经济发展水平，与经济发展相关的资本、资源、基础设施、教育等。城市化是一个多因素综合影响的结果。

四、内生影响因素的因子分析与自变量的确定

（一）因子分析方法

因子分析的概念起源于 20 世纪初卡尔·皮尔逊（Karl Pearson）和查尔斯·斯皮尔曼（Charles Spearmen）等人关于智力测验的统计工作。因子分析是主成分分析的推广和发展，也是利用降维方法进行统计分析的一种多元统计方法。目前，因子分析已成功应用于心理

学、医学、经济学等领域。因子分析的基本思想是：通过对变量的相关系数矩阵的内部结构进行分析，从中找出少数几个能够控制原始变量的公共因子，选择公共因子的原则是尽可能包含更多的原始变量信息，建立因子分析模型，利用公共因子再现原始变量间的相关关系，达到简化变量、降低变量维数和对原始变量再解释及命名的目的。因子分析的数学模型如下：

设有 N 个样本，n 个指标，表示为 x_1，x_2，$\cdots$，x_n，根据因子分析的要求，假设这些变量已经标准化（均值为 0，标准差为 1），假设 n 个变量可以由 K 个因子 f_1，f_2，$\cdots$，f_k 表示为线性组合，则模型

$$x_1 = a_{11}f_1 + a_{12}f_2 + \cdots + a_{1k}f_k$$

$$x_2 = a_{21}f_1 + a_{22}f_2 + \cdots + a_{2k}f_k$$

$$\cdots\cdots$$

$$x_n = a_{n1}f_1 + a_{n2}f_2 + \cdots + a_{nk}f_k$$

称为因子模型。模型中的 x_1，x_2，$\cdots$，x_n 相互独立，称为主成分因子，它们是在各个原观测变量的表达式中都出现的因子，是相互独立的不可测量的随机变量。矩阵 $A = (a_{ij})$ 称为因子载荷矩阵，a_{ij} 为因子载荷，其实质是公因子 F_i 和变量 X_j 的相关系数，其绝对值越大，表明 F_i 与 X_j 的相依程度越大。其主要步骤有：

（1）因子提取。通过分析原始变量之间的相互关系，从中提取出数量较少的因子。提取方法是利用样本数据得到因子载荷矩阵。求解因子载荷矩阵的方法有很多，其中最常用的是主成分分析法、主轴因子法等，我们在具体分析时，将运用主成分分析方法求解因子载荷矩阵。利用因子载荷矩阵求解变量相关矩阵的特征值，一般取大于 1 的特征值（本书就是这种设置），根据特征值的大小确定因子数量。

（2）因子旋转。在实际分析时，为了让公共因子变量的含义有比较清楚的认识，往往需要对因子模型进行旋转变换，使得每个公共因子上的载荷系数更接近或更 0，这样，得到的公共因子对变量的命名和解释变得更加容易。对求得的公因子，需要观察公因子 F_i 的方

差贡献率，它是衡量公因子相对重要性的指标，方差贡献率越大，表明公因子对 X 的贡献越大。此外，观察它们在哪些变量上有较大的载荷，据此说明该公因子的实际含义。如果难于对因子 F_i 给出一个合理的解释，需要进一步做因子旋转。通过旋转，各变量在因子上载荷更加明显，有利于对各公因子给出明确合理的解释。求出公因子，还可以用回归估计方法求得因子得分的数学模型，将各公因子表示成变量的线型形式，并进一步计算出因子得分，再进行综合评价。

（二）基于统计数据的因子分析与自变量的确定

城市化作为人类社会经济发展的一种普遍现象，是社会生产力发展到一定水平的产物。城市化的基础是经济发展。尽管城市化进程受到自然、经济、人口、政治、文化等诸多因素的影响，但起决定性作用的还是经济因素，经济发展是城市化最基本、最重要的动因。因此，我们试图对县域经济社会统计数据进行分析，以此为基础来确定县域人口城镇化的关键变量。

我们从 2009 年各省的统计年鉴中采集了全国 1826 个县统计数据，对其中的 14 个经济社会指标进行因子分析。这些指标包括：地区国内生产总值（万元）（GDP），地区第一产业生产总值（万元）（GDP1），地区第二产业生产总值（万元）（GDP2），地区第三产业生产总值（万元）（GDP3），城镇单位在岗职工人数（人）（UrE），乡村从业人员（人）（RuE），农林牧渔业人员（人）（AgrE），固定资产投资（万元）（TatI），地方一般财政预算收入（万元）（GLR），地方一般财政预算支出（万元）（GLE），城乡收入比（%）（PAratio），农林牧渔业总产值（万元）（GDA），社会消费品零售额（万元）（TRS），农业机械总动力（万千瓦）（machine）等。

应用统计分析软件 SPSS（Statistics Package For Social Science），对 14 个社会经济统计指标进行主成分分析，选择 KMO 检验和巴特利球形检验，采用方差极大法旋转（正交旋转）。需要说明的是，我们在做因子分析时，把有些指标数据缺失的个案排除在因子分析过程之外，因此，最后实际参与因子分析的样本数为 1673 个。

输出的结果解释如下：

（1）KMO 值为 0.796。统计学家凯泽（Kaiser, 1974）给出的执行因子分析的 KMO 大小判断准则（见表 3-3）。根据表 3-4，Bartlett 球度检验的概率 P 值为 0.000，即假设被拒绝，也就是说，可以认为相关系数矩阵与单位矩阵有显著差异。同时，KMO 值为 0.796，根据 KMO 度量标准可知，原变量适合进行因子分析。

表 3-3   KMO 统计量的判断原理

KMO 统计量	因子分析适合性
0.90 以上	极佳的（marvelous）
0.80 以上	良好的（meritorious）
0.70 以上	中度的（middling）
0.60 以上	平庸的（mediocre）
0.50 以上	可悲的（miserable）
0.50 以下	无法接受（unacceptable）

表 3-4   KMO 和球形 Bartlett 检验

Kaiser-Meyer-Olkin Measure of Sampling Adequacy		0.796
Bartlett's Test of Sphericity	Approx. Chi-Square	58280.678
	df	120
	Sig.	0.000

（2）表 3-5 中显示的是因子分析中的原有变量中总方差被解释的列表。表 3-5 中数据显示，有 3 个因子被提取和旋转，其累计解释总方差百分比为 80.029%。其中，第 1 因子的特征根为 8.297，解释 14 个原始变量总方差的 51.856%；第 2 个因子的特征根为 3.113，解释了 14 个原始变量总方差的 19.455%；第 3 个因子的特征根为

1.100，解释了 14 个原始变量总方差的 7.331%。也就是说，3 个变量解释了所有 14 个原始变量的 80.029%，且只有这 3 个变量的特征值大于 1。旋转后 3 个因子的相对位置不变，但因素的完整性增加，可解释的比重发生改变，分别为 43.307%、25.482%、11.239%，累计解释总方差百分比未变，此时，更易于解释。由此方差解释表可以看出，用这 3 个主成分因子来代替原来的 14 个指标，其方差贡献率为 80.029%，包含了这 14 个社会经济指标的大部分信息，基本可以描述自变量。而主成分 5 ~ 15 所包含的信息较少，说明选择 3 个主因子较为恰当。

表 3 – 5　　　　　总方差解释（Total Variance Explained）

成分	初始因子			提取后			旋转后		
	合计	解释方差(%)	累积(%)	合计	解释方差(%)	累积(%)	合计	解释方差(%)	累积(%)
1	8.297	51.856	51.856	8.297	51.856	51.856	6.929	43.307	43.307
2	3.113	19.455	71.311	3.113	19.455	71.311	4.077	25.482	68.790
3	1.395	8.718	80.029	1.395	8.718	80.029	1.798	11.239	80.029
4	0.779	4.869	84.898						
5	0.621	3.879	88.777						
6	0.486	3.038	91.815						
7	0.373	2.333	94.148						
8	0.246	1.537	95.685						
9	0.225	1.408	97.092						
10	0.163	1.017	98.110						
11	0.133	0.833	98.942						
12	0.065	0.405	99.347						
13	0.047	0.295	99.642						
14	0.033	0.208	99.850						
15	0.024	0.150	100.000						
16	6.901E-8	4.313E-7	100.000						

注：提取方法：主成分因子分析。

（3）因子分析的碎石图（见图 3-2）。利用因子分析的碎石图可以帮助我们确定最优的因子数量。在碎石图 3-2 中，横坐标表示因子数目，纵坐标表示特征根。从图 3-2 中可以看出，前 3 个因子间的线形呈急速上升趋势，其特征根也相对较大，而从第 4 个开始特征值很小，因子特征值连线变得很平缓。因此，图 3-2 进一步佐证了前 3 个因子对解释变量的贡献相对较大。

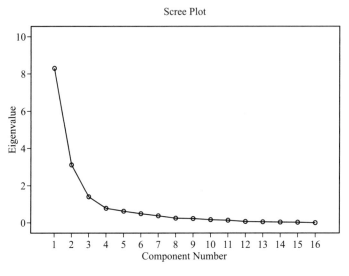

图 3-2　因子分析碎石图

（4）表 3-6 中显示的是旋转后的因子载荷矩阵。由旋转后的因子载荷矩阵可以得到以下结论：①第 1 个公因子在地方一般财政收入 GLR、第二产业增加值 GDP2、地区国内生产总值 GDP、第三产业增加值 GDP3、社会消费品零售额 TRS、固定资产投产 TatI、地方一般财政预算支出 GLE 分别有以下相应载荷：0.957、0.956、0.954、0.945、0.849、0.841、0.820，这些指标反映了县域城镇经济发展实力，可以归为城镇经济发展因子。我们选取地区国内生产总值 GDP 作为自变量指标。②第 2 个公因子在农林牧渔业人员 AgrE、乡村从业人员 RuE、农村牧渔业总产值 GDA、第一产业增加值 GDP1 分别有 0.935、0.898、0.831、0.828 的载荷，这四项指标反映了农业发展状况，可以归纳为农业因子，选取农林牧渔业人员 AgrE 作为自变量指标。③第 3 个公因子在城乡收入比 PAratio 有 0.892 因子载荷，这个指标反映了城乡收入差距，归为城乡差距因子，并选择城乡收入比 PAratio 作为自变量指标。

表 3 - 6　　旋转后的因子载荷矩阵（**Rotated Component Matrix**）

因　子	第一主成分	第二主成分	第三主成分
地方一般财政预算收入 GLR	0.957		
第二产业增加值 GDP2	0.956		
地区国内生产总值 GDP	0.954		
第三产业增加值 GDP3	0.945		
社会消费品零售额 TRS	0.849	0.343	
固定资产投产 TatI	0.841		
地方一般财政预算支出 GLE	0.820	0.340	
农村居民人均纯收入 Pincome	0.679		0.534
城镇单位在岗职工数 UrE	0.524		0.321
农林牧渔业人员 AgrE		0.935	
乡村从业人员 RuE		0.898	
农村牧渔业总产值 GDA		0.831	0.320
第一产业增加值 GDP1		0.828	0.312
农业机械总动力 machine		0.670	
城乡收入比 PAratio			0.892
城镇单位在岗职工平均工资 Auwage	0.432	- 0.322	- 0.516

因此，在 2009 年统计年鉴县域样本数据的因子分析中，地区国内生产总值 GDP、农林牧渔业人员 AgrE、城乡收入比 PAratio 三个自变量将作为模型的自变量，再加上功能区域的划分（主体功能区和人口发展功能区），成为后续关于县域人口城镇化模型研究的基础。

第四章

县域人口城镇化的理论
模型与实证分析

在区域非均衡发展条件下，针对不同类型的人口发展功能区，分析各区域人口城镇化的影响因素并构建理论模型，在此基础上，探讨推进我国县域人口城镇化的对策，是当前推进人口城镇化的重大问题。为此，我们将在本章重点探讨以下问题：在不同类型的人口发展功能区，人均地区生产总值、城乡收入差距、农业劳动力等因素的变化是否对人口城镇化率的变化有显著作用？根据我国城镇化的实际，应如何推动县域人口城镇化的发展？

一、资料说明与指标选择

（一）研究方法与资料说明

本书主要运用 SPSS 统计分析软件进行相关数据的统计分析。我们采用多元线性回归函数，建立城镇化与各主要变量间的线性关系模型。在进行多元线性回归分析时，我们将运用两种方法：一是同步多元回归分析，这种方法构建的模型可以整体的回归模型；二是分步回归分析方法，这种方法将按人口发展功能分不同区域来进行分析，以了解不同区域类型，各自变量对城镇化的影响差异。我们进行分析的数据来自：（1）2009 年各省的统计年鉴中采集的相关县域数据；
（2）人口发展功能分区。

（二）指标选择与描述性统计

城镇化是多种因素综合作用的结果。根据上一章的影响因子分析，我们初步确定了地区国内生产总值（GDP）、农林牧渔业人员（AgrE）、城乡收入比（PAratio）三个自变量将作为模型的自变量，再加上功能区划的虚拟变量，一起构建县域人口城镇化模型的主要自变量。为进一步确定这些变量是否与县域人口城镇化相关，在此，我们首先对这些变量指标进行理论上的分析。

1. 城镇化水平

从城市化的定义可知，城市化是城市人口比重不断提高即人口集中的过程，因此，城市化首先表现为大批农村人口进入城市，城市人口在总人口中的比重逐步提高。

城市化率与城市化水平是两个既有联系又有区别的概念。城市化水平有广义和狭义之分，狭义的城市化水平就是城市化率的高低，广义的城市化水平，除了城市化率的高低外，还应该包括城市的建设状况、管理水平和城市化的健康状况。通常，我们在进行量化分析时，更多的是指狭义上的城市化水平，也就是指的城市化率。然而，衡量城市化率的指标也很多，如城市人口比重、非农业人口比重、城市用地比重。通常，经济学界主要以城市化率即城市人口与总人口的百分比及其变动来衡量城市化程度的高低和进程的快慢。城市化率越高说明城市化程度越高，城市化率提高越快说明城市化进展越快。对于城市人口如何定义，不同国家或地区也有不同的标准。

目前，衡量城镇化水平的指标主要有两个：一个是城镇人口占总人口的比重；另一个是非农人口占总人口的比重。这两个指标存在不可比性和不一致性，其不同之处体现在城镇人口与非农人口的差别上。从统计指标的解释来看，城镇人口是指居住在城镇范围内的全部人口，它不仅包括具有城镇户口的常住居民，而且也包括没有城镇户口、但到城镇工作六个月以上的乡村迁移人口，以及相当部分土地被征用、但户籍没有转换的失地农民等。因此，以它来衡量的城镇化水平要明显高于以非农人口比例反映的城镇化水平。目前，尽管不少学者倾向于用城镇化人口占总人口的比重来反映城镇化水平，但是行政区划的大幅度变动，流动人口和暂住人口的增加，农村工业化的发展，小城镇的建设以及隐性城镇化等诸多因素的影响，也给准确衡量城镇化带来了不少困难。[1] 由于无法找到完整的县域农村人口和城镇人口，我们用农业人口代替农村人口，非农业人口代替城镇人口，以户籍统计的各县域非农业人口在人口中的比重来衡量城镇化的水平。

2. 经济增长

已有实证研究中一般采用国民生产总值（GDP）或者人均国民生产总值（Pgdp）来衡量经济增长。但 GDP 反映不出人口平均后的真正实力以及社会经济的均衡程度，而 Pgdp 则能最直接地反映出人口对经济发展的影响。正如赫斯顿（Heston，1994）指出，人均 GDP 数据易于比总 GDP 数据出现更少的错误，因为一些影响 GDP 水平的估计错误也影响对人口的估计，这样的错误可以抵消。基于上述理由，我们用人均国民生产总值来衡量经济的增长。[2]

国内外许多研究都表明，城市化与经济发展之间呈高度的正相关性，经济发展水平越高，城市化水平也越高。一般而言，城市化水平与经济发展水平的是相匹配的。霍利斯·钱纳里（H. Chenely）对 1950~1970 年 101 个国家经济发展水平与城市化数据的分析，证明了一定的人均国民生产总值水平，与一定的生产结构、劳动力配置结

---

[1] 刘耀彬、陈志、杨益明：《中国省区城市化水平差异原因分析》，载于《城市问题》，2005 年第 1 期。

[2] 曹裕等：《城市化、城乡收入差距与经济增长》，载于《统计研究》，2010 年第 3 期。

构和城市化水平相对应的关系。周一星、谢文蕙等为此建立了以下数学模型来验证这一关系的存在：

$$Y = \ln X + b$$

其中，Y 为城市化水平，X 为人均国民生产总值，b 为回归系数。

城市化作为社会生产力提高和经济结构变动的产物，决定了城市化与经济发展间存在的这种联系。从城市化的动力机制演变来看，经济的发展伴随着经济结构的变动，这种变动主要表现为产业结构的变动，即产业结构从以农业为主向以工业为主和服务业为主转变，这种结构变动促使人口等资源要素不断地由农村地区向城市迁移。因此，城市化过程是在农业发展所生产的农村"推力"和非农产业发展所产生的城市"拉力"的双重作用下进行的。其中，工业化是城市化的根本动力和重要依托条件。据测算，发达国家 1820~1950 年，工业化与城市化的相关系数高达 +0.997。① 因此，城市化进程要与经济增长和结构变动相适应。

因此，我们在探讨县域人口城镇化与经济发展关系时，选择人均 GDP 的常用对数作为模型的变量之一，来考虑县域人口城镇化与经济发展间的线性关系。

3. 城乡收入差别

工农差别和城乡差别是影响城市化的重要因素，是城市化的动因之一。自从城市产生以来，城乡差别就开始出现，随着工业化的兴起，工农差别不断扩大，加剧了城乡差别。由于农业是传统产业，技术落后、劳动生产率低、收入也低，从事农业生产的农民生活在农村，而农村贫穷落后、生活条件差，这种情况形成一种把农民向农村以外推的所谓"推力"；工业是新兴产业、技术先进、劳动生产率高、收入也高，工厂主要建立在城市，从事工业生产的工人生活在城市，而城市发达繁荣、生活条件优越，这种情况则会对农民产生巨大

---

① 马侠：《工业人口、国民生产总值与城市发展》，载于《中国社会科学》，1987 年第 5 期。

的吸引农民进厂进城的所谓"拉力"。城乡差别和工农差别下形成的这种推拉力作用，不断促使农民向城市流动迁移，从而推进城市化。20世纪90年代，我国大量农村青壮年劳动力纷纷进入城市，这种劳动力的流动掀起一股强劲的"民工潮"。可见，现阶段城乡收入差距仍然是农民流入城市的主要原因。

影响中国城乡收入差距的因素是多方面的，如资源禀赋、产业结构、外国直接投资的流入、财政支出结构及劳动力素质等，这些因素在城乡间的差异都会引起城乡收入差距。就城乡收入差距的衡量指标而言，在现有文献中，常用以下三类指标来度量城乡收入差距：一是用城镇人均可支配收入与农村人均纯收入之比来度量城乡收入差距，这是国内学者常用的指标；二是基尼系数，但王少平和欧阳志刚（2007）的研究指出，这一度量方法没能反映城乡人口所占的比重；三是泰尔指数，与基尼系数相比较而言，这一指标对高收入和低收入阶层的收入变动比较敏感。从数据的可获得性而言，本书选择用农村人均纯收入与城镇在岗职工平均工资之比来代替城乡收入差距。

4. 农业劳动力

城镇化过程主要表现在两个方面：人口向城市集中，城市人口在总人口中的比重提高；经济活动向城市集中。即城镇化表现为人口城镇化与要素城镇化两个方面。城镇化的实质是人口和其他生产要素从农业向第二、第三产业转移。而经济活动是随着人口的流动推动经济发展要素流动才得以发展的。因此，人口是城市化的主体和基础。

随着我国农村人口的不断增加、人均耕地面积的减少和农业机械化程度的提高，将会有更多的劳动力从农村释放出来，这部分人是我国人口城镇化的主力军。当前，有诸多学者对我国农村剩余劳动力进行探讨与预测，进而为推进城镇化提供参考。这也折射出农村剩余劳动力是人口城市化的重要基础。农业劳动力的多少，从另一个层面反映了我国农村剩余劳动力的状况。因此，我们选择农业劳动力这一指标来反映农村剩余劳动力的情况。

我们所提及的农业劳动力是从产业的角度所指部分，与国家统计局在的新统计口径下的第一产业概念是一致的，它是指从事广义农业下的劳动力，包括：指狭义上的农业（即农作物种植业）、林业、畜牧业、渔业和副业的劳动者，但不包括事业中村及村以下办的工业。在具体操作时，我们选择县域内农业劳动力占总人口的比重这一指标来体现。

5. 功能区划

无论是国家发展战略的资源布局，还是一个地区的主导产业的选择，都受到空间因素的约束。因此，我们在分析县域人口城镇化的影响因素时，区域也应成为其中的一个关键变量。从上一章的分析，我们已经看到，在发展的不同阶段，提出了不同的区域划分方法。"十二五"规划，强调实施区域发展总体战略和主体功能区战略。主体功能区划综合考虑各区域的资源环境承载力等因素，把国土空间划分为优化开发区、重点开发区、限制开发区、禁止开发区四类不同的功能区，着重从"合理开发"的角度对不同区域进行功能定位。人口发展功能区划分，以自然资源等为基础，以人口为主线，分人口稳定区、人口集聚区、人口疏散区和人口限制区四类进行划分。其中，人口限制区和人口疏散区属于国家生态屏障区，以生态建设和生态服务为主，兼顾生产生活；人口集聚区和人口稳定区属于生产与生活区，以人口与产业集聚为主要功能，同时要注重生态环境保护。人口发展功能区与主体功能区划是同一问题的两个不同方面。

从世界历史看，一个国家或地区进入经济快速发展阶段，必然会伴随着人口的大量迁移。改革开放30多年来，随着经济的发展，人口迁移的规模迅速扩大，从1990年全国第四次人口普查时的3413万人，增加到2000年第五次全国人口普查时的13122万人。2010年的"六普"数据显示：与2000年相比，居住地与户口登记地所在的乡镇街道不一致且离开户口登记地半年以上的人口增加11700万人，增长 81.03%；从人口的迁移流向和地域分布看，主要表现为中西部地区人口向东部地区迁移，由此使东部地区人口比 2000 年上升 2.41 个百分点；中部地区人口下降 1.08 个百分点；西部地区人口下降 1.11 个百分点；东北地区人口下降 0.22 个百分点。[1] 当前，我国正处于人口城镇化加速时期。在城镇化过程中，我国已面临人口集聚滞后于产业集聚、国家生态屏障地区人口超载等问题，因此，推进人口城镇化，必须在人口发展功能合理分区的基础上，引导人口有序流动与适度集聚，促进不同地区的人口与资源环境的协调与可持续发展。

考虑到人口功能区以人口为载体，因素相对单一，界线易于确定。因此，在构建县域人口城镇化的理论模型时，我们将以人口发展功能分区作为区域类型的主要变量；对不同区域类型人口城镇化作比较分析时，我们会以人口发展功能区划为主，兼用主体功能区划与四大区域（东部、东北、中部、西部）划分法。

综上所述，上述变量的相关说明与数据特征见表 4 - 1，各主要变量的描述性统计见表 4 - 2。

表 4 - 1　　　　　　　　主要变量的简要说明与数据特征

变量名称	标签	单位	变量解释
Y：urban	城镇化水平	%	区域内年末非农业人口与年末总人口之比
X_1：Pgdp	人均地区生产总值	元/人	地区生产总值与年末总人口之比
X_2：PAratio	城乡收入差距	%	农村居民人均纯收入与城镇单位在岗职工平均工资之比
X_3：PAgrE	农业劳动力	%	乡村劳动力中主要从事农林牧渔业的年末人口与年末总人口之比
D：pzone	人口功能分区		人口稳定区 人口集聚区 人口疏散区 人口限制区

---

① 资料来源：http：//www. 12388. gov. cn/Template/article/csr_display. jsp？mid = 201105 03036942，20111206.

表4-2 描述性统计量

变量	人口稳定区（1）		人口集聚区（2）		人口疏散区（3）		人口限制区（4）	
	均值	标准差	均值	标准差	均值	标准差	均值	标准差
Y	0.2495	0.1827	0.2018	0.1422	0.1615	0.1225	0.3037	0.2116
$Lg(X_1)$	4.1316	0.2911	4.2204	0.2202	3.8923	0.2546	4.0741	0.3998
X_2	0.2237	0.1433	0.2647	0.0731	0.1295	0.0528	0.1303	0.0795
X_3	0.2506	0.0826	0.2477	0.0764	0.3162	0.0907	0.3055	0.1265
N	595		669		496		54	

二、模型的估计与检验

（一）同步回归分析

我们把人口发展功能分区变量（D）重新编制成（0，1）二分变量，考虑到人口稳定区和人口限制区属于城镇人口密度比较高的区域，也是我国人口集聚区，所以把这两类区域合并为一类，用数字"1"表示；人口疏散区和人口限制区相对来说，城镇人口密度要低，所以把二者归为一类，用数字"0"表示。采用最小二乘法（OLS）进行分析，得到如下结果：

由表4-3的分析结果可知，$R^2 = 0.256$，调整后的 $R^2 = 0.254$，复相关系数 $R = 0.506$，从社会科学的角度来看，这个系数表明模型中的四个变量能解释人口城镇化率的 25.6%。从 F 检验来看，多元线性回归方程中，各自变量与因变量间具有显著的线性关系。从各自变量的系数来看，只有 X_3 的系数不显著，其他变量的系数均达到非常显著。但共线性诊断的 VIF 值都小于 5，可知共线性问题并不是很严重，所以不会影响回归分析的结果。因此，我们还是可考虑这四个因素作为模型的关键变量。回归模型表示如下，其中括号中的值为回归系数的标准差与显著性：

$$Y = -0.094 + 0.123Lg(X_1) + 0.036X_2 - 0.686X_3 - 0.034D$$
$$(0.013^{***}) \quad (0.034) \quad (0.041^{***}) \quad (0.008^{***})$$

表4-3　　　　　　　　　　同步回归分析结果

模型 （Model）	非标准化系数		标准化系数	共线性诊断	F 检验	相关系数	判定系数	
	B	Std. Error	Beta	VIF		R	R²	Adjusted R²
常数 （Constant）	−0.094	—	—	—	F = 155.429 df = (1808, 4) Sig. = 0.000	0.506	0.256	0.254
Lg(X_1)	0.123	0.013 ***	0.228	1.435				
X_2	0.036	0.034	0.026	1.424				
X_3	−0.686	0.041 ***	−0.390	1.319				
D	−0.034	0.008 ***	−0.100	1.421				

注：*** 代表显著性水平 0.01，** 代表显著性水平 0.05，* 代表显著性水平 0.1。

（二）逐步回归分析

在逐步回归分析中，我们按人口发展功能区的四类区域类型分别进行回归分析，以此区别不同区域类型各影响因素对人口城镇化的影响程度。表4-4是回归分析的引入或剔除变量表。表4-4显示的是变量的引入或剔除，并且显示引入和剔除的标准为概率 P 值均小于或等于 0.1。

表4-4　　　　　　　　　　引入/剔除变量

方法	模型	引入变量			
		人口稳定区	人口集聚区	人口疏散区	人口限制区
逐步回归（标准引入概率 P 值 ≤ 0.100，概率 P 值 ≤ 0.11）	1	X_3	X_3	Lg(X_1)	X_3
	2	Lg(X_1)	Lg(X_1)	X_3	Lg(X_1)
	3	X_2	—	X_2	

回归分析的结果如表4-5所示，可以看出，不同区域类，人均GDP、城乡收入差距、农业劳动力三类因素对城镇化的影响是不太一样的。

表4-5　模型估计结果

模型（Model）	非标准化系数 B	非标准化系数 Std. Error	标准化系数 Beta	F检验	相关系数 R	判定系数 R^2	判定系数 Adjusted R^2
人口稳定区 常数（Constant）	-0.038	—	—	$F=47.661$ $df=(591,3)$ Sig.$=0.000$	0.441	0.195	0.191
人口稳定区 X_3	-0.730	0.088***	-0.330				
人口稳定区 $\mathrm{Lg}(X_1)$	0.110	0.025***	0.175				
人口稳定区 X_2	0.080	0.048*	0.063				
人口集聚区 常数（Constant）	0.149	—	—	$F=109.455$ $df=(666,2)$ Sig.$=0.000$	0.497	0.247	0.245
人口集聚区 X_3	-0.837	0.069***	-0.450				
人口集聚区 $\mathrm{Lg}(X_1)$	0.062	0.024**	0.096				
人口疏散区 常数（Constant）	-0.353	—	—	$F=86.223$ $df=(492,3)$ Sig.$=0.000$	0.587	0.345	0.341
人口疏散区 $\mathrm{Lg}(X_1)$	0.148	0.019***	0.307				
人口疏散区 X_3	-0.374	0.054***	-0.277				
人口疏散区 X_2	0.441	0.098***	0.190				
人口限制区 常数（Constant）	-0.490	—	—	$F=116.178$ $df=(51,2)$ Sig.$=0.000$	0.906	0.820	0.813
人口限制区 X_3	-0.965	0.108***	-0.577				
人口限制区 $\mathrm{Lg}(X_1)$	0.267	0.034***	0.505				

注：***代表显著性水平0.01，**代表显著性水平0.05，*代表显著性水平0.1。

三、实证结果分析

（一）实证分析的结果

城镇在空间上不是均匀分布的，其空间格局的演变既受到资源环境承载力、区域差异状况的制约，也受到现有空间格局、经济社会发展政策和区域经济发展规律等因素的影响。县域城镇作为我国行政区划的基层区划制度安排，受所在地域的自然地理条件和经济发展水平等的限制，各区域差异较大。当前，人口发展功能区与主体功能区划是我国区划体系的重要组成部分，是编制相关规划的依据。人口发展功能区划，是国家主体功能区划的重要基础和依据，主体功能区划是保障人口发展功能区划落实的重要载体和途径。在此，我们主要以人口发展功能区划为基础，结合上述逐步回归分析的模型，解释各模型的结果，并结合相关数据进行实证分析，对不同区域的县域人口城镇化进行简要的比较分析。

结合表4-4和表4-5的数据，四类人口发展功能区的逐步回归分析结果如下：

1. 人口稳定区的模型

从表4-4可以看出，人口稳定区中，引入模型的变量依次是 X_3，$\mathrm{Lg}(X_1)$，X_2。从表4-5可以看出，复相关系数 $R=0.441$，$R^2=0.195$，调整后的 $R^2=0.191$，$F=47.661>F0.001(591, 3)$，表明三个自变量与城镇化间具有显著的线性关系。并且各自变量的系数在置信水平0.1处具有显著性。因此，人口稳定区的城镇化模型表示如下，其中括号中的值为回归系数的标准差与显著性：

$$Y = -0.038 + 0.110\mathrm{Lg}(X_1) + 0.080X_2 - 0.730X_3$$
$$(0.025^{***}) \qquad (0.048^{*}) \qquad (0.088^{***})$$

为了便于比较各自变量对因变量的影响大小，我们可以标准化回归系数，这样，得到的标准化回归方程为：

$$Y = 0.175 \text{Lg}(X_1) + 0.063 X_2 - 0.330 X_3$$

从回归方程可知，当其他变量都受到控制后，总人口中的农业劳动力每增加 1 个百分比，城镇化率就会降低 0.73 个百分比。人均 GDP 每增加 10 个单位，城镇化率就会提高 0.175 个百分点。可见，农业劳动力对人口城镇化的影响是比较大的。这也从一个侧面反映了，在人口稳定区，也就是经济发达相对发达地区，劳动力的迁移是影响城镇化率的关键变量。

从标准化回归系数来看，平均而言，当其他变量都受到控制后，农业劳动力占总人口的比每增加一个标准差时，县域人口城镇化率就降低 0.33 个标准差。比较标准化回归系数的大小，0.330 > 0.175 > 0.063，不难发现，各变量对城镇化率的影响程度从大到小依次是：X_3（农业劳动力占总人口之比）、X_1（人均 GDP）、X_2（城乡收入差距）。这一点与各变量引入模型的次序相一致。

2. 人口集聚区的模型

在人口集聚区的逐步回归分析法中，只有两个变量引入模型，依次为：X_3，$\text{Lg}(X_1)$。从表 4 - 5 的回归系数看，其中，复相关系数 R = 0.497，R^2 = 0.247，调整后的 R^2 = 0.245，F = 109.455 > F0.001 (666, 2)，这些数据表明：农业劳动力和人均 GDP 两个变量对人口城镇化率的解释力为 24.7%；F 检验表明这两个自变量与城镇化间具有显著的线性关系。同时，自变量的系数在置信水平 0.05 的条件下具有显著性。因此，人口稳定区的城镇化模型表示如下，其中括号中的值为回归系数的标准差与显著性：

$$Y = 0.149 + 0.062 \text{Lg}(X_1) - 0.837 X_3$$
$$(0.024^{**}) \quad (0.069^{***})$$

为了便于比较各自变量对因变量的影响大小，我们可以标准化回归系数，这样，得到的标准化回归方程为：

$$Y = 0.096 \text{Lg}(X_1) - 0.450 X_3$$

从回归系数来看，当其他变量都受到控制后，总人口中的农业劳动力每增加 1 个百分比，城镇化率就会降低 0.837 个百分比。人均 GDP 每增加 10 个单位，城镇化率就会提高 0.062 个百分点。从标准化回归系数来看，平均而言，当其他变量都受到控制后，农业劳动力占总人口的比每增加一个标准差时，县域人口城镇化率就降低 0.45 个标准差。从标准化回归系数比较来看，0.450 > 0.096，因此，各变量对城镇化率的影响程度从大到小依次是：X_3（农业劳动力占总人口之比）、X_1（人均 GDP）。各变量引入模型的次序也印证了这一点。

3. 人口疏散区的模型

在人口疏散区的逐步回归分析法中，引入模型的变量依次为：Lg (X_1)，X_3，X_2。从表 4 - 5 的回归系数看，其中，复相关系数 R = 0.587，$R^2 = 0.345$，调整后的 $R^2 = 0.341$，F = 86.223 > F0.001（492，3）。这些数据表明：农业劳动力和人均 GDP 两个变量对人口城镇化率的解释力为 34.5%；F 检验表明这两个自变量与城镇化间具有显著的线性关系。同时，自变量的系数在置信水平 0.01 的条件下具有显著性。因此，人口稳定区的城镇化模型表示如下，其中括号中的值为回归系数的标准差与显著性：

$$Y = -0.353 + 0.148 \text{Lg}(X_1) + 0.441X_2 - 0.374X_3$$
$$(0.019^{***}) \quad (0.054^{***}) \quad (0.054^{***})$$

为了便于比较各自变量对因变量的影响大小，我们可以标准化回归系数，这样，得到的标准化回归方程为：

$$Y = 0.307 \text{Lg}(X_1) + 0.190X_2 - 0.277X_3$$

根据回归模型的系数，我们可以判断：当其他变量都受到控制后，总人口中的农业劳动力每增加 1 个百分比，城镇化率就会降低 0.374 个百分比。人均 GDP 每增加 10 个单位，城镇化率就会提高 0.148 个百分点。从标准化回归系数来看，平均而言，当其他变量都受到控制后，农业劳动力占总人口的比每增加一个标准差时，县域人口城镇化率就降低 0.277 个标准差。从标准化回归系数比较来看，0.307 > 0.277 > 0.190，因此，各变量对城镇化率的影响程度从大到小依次是：X_1（人均 GDP），X_3（农业劳动力占总人口之比），X_2（城乡收入差距）。

4. 人口限制区的模型

在人口限制区的逐步回归分析法中，只有两个自变量引入模型，依次为：X_3，$\mathrm{Lg}(X_1)$。从表 4 - 5 的回归系数看，其中，复相关系数 R = 0.906，R^2 = 0.820，调整后的 R^2 = 0.813，F = 116.178 > F0.001 (51，2)。这些数据表明：农业劳动力和人均 GDP 两个变量对人口城镇化率的解释力为 81.3%；F 检验表明这两个自变量与城镇化间具有显著的线性关系。同时，自变量的系数在置信水平 0.01 的条件下具有显著性。因此，人口稳定区的城镇化模型表示如下，其中括号中的值为回归系数的标准差与显著性：

$$Y = -0.490 + 0.267\mathrm{Lg}(X_1) - 0.965X_3$$
$$(0.034^{***}) \qquad (0.108^{***})$$

为了便于比较各自变量对因变量的影响大小，我们可以标准化回归系数，这样，得到的标准化回归方程为：

$$Y = 0.505\mathrm{Lg}(X_1) - 0.577X_3$$

从回归方程可知，当其他变量都受到控制后，总人口中的农业劳动力每增加 1 个百分比，城镇化率就会降低 0.965 个百分比。人均 GDP 每增加 10 个单位，城镇化率就会提高 0.267 个百分点。从标准化回归系数来看，平均而言，当其他变量都受到控制后，农业劳动力占总人口的比每增加一个标准差时，县域人口城镇化率就降低 0.577 个标准差。从标准化回归系数比较来看，0.577 > 0.505，因此，各变量对城镇化率的影响程度从大到小依次是：X_3（农业劳动力占总人口之比），X_1（人均 GDP）。变量对城镇化率的影响程度决定了其引入模型的次序。

5. 结论与启示

县域人口城镇化率与人口发展功能分区、地区国内生产总值、农林牧渔业人员、城乡收入比四个变量的同步回归分析，结果显示：$R^2 = 0.256$，调整后的 $R^2 = 0.254$，复相关系数 $R = 0.506$，从社会科学的角度来看，这个系数表明模型中的四个变量能解释人口城镇化率的25.6%。从 F 检验来看，多元线性回归方程中，各自变量与因变量间具有显著的线性关系。

分区域看城镇化率与地区国内生产总值、农林牧渔业人员、城乡收入比关系，我们进行了分步回归分析方法，结果发现不同区域类型中，各影响因素对人口城镇化率的影响是不一样的：（1）在人口稳定区、人口集聚区和人口限制区中，农业劳动力占总人口之比与人均GDP 这两个变量对城镇化率的影响程度排序是一样的。但在人口疏散区，这两个变量的影响程度排序与其他三区是相反的。（2）城乡收入差距对人口稳定区和人口疏散区的城镇化具有显著影响，而在人口集聚区与人口限制区则影响不是很明显。

人口集聚区与人口稳定区的国土面积约占全国的40%，人口约占全国的88%。这两类地区人口与产业集聚，交通便利，城市化水平较高，人口与资源环境经济社会协调状态相对较好，属于我国未来城镇人口密度较高的地区。数据分析显示，我们可以采取相应措施降低农业劳动力的比例，转移农村剩余劳动力，进而提高人口城镇化的水平。当然，相对应的措施是多方面的，如农业现代化程度的提升、地区经济发展水平的进一步提升、产业结构的调整等。

虽然这一研究的数据来看统计年鉴，其中的城镇人口等数据有一定的局限性，但这对我们了解不同区域人口城镇化的影响因素具有一定的借鉴意义。因此，我们可以在不同区域制定相对应的政策体系，以促进人口城镇化的健康发展。

（二）推进县域人口城镇化的思考

受自然环境和历史因素的影响，我国的人口分布是非均衡的。这种差异表现在数量与素质的区域差异等方面，人口的这种区域差异直接影响到城镇化的区域差异。从已有的"五普"数据来看，我国人口在空间分布上存在着"东密西疏"的格局，这种格局在相当长时间内不会改变。因此，我们认为，一方面，要根据我国自然地理条件、产业转移、要素集聚和城镇化发展规律，制定政策引导县域经济发展，逐步形成县域范围内劳动力流动；另一方面，要坚持以人为本，在关注经济布局的同时，注重实现人口分布的合理化，促进城市化健康发展。具体来说，我们可结合上述县域人口城镇的模型结果及我国当前城镇化的实际，按以下思路推进县域人口城镇化发展：

1. 按不同人口发展功能区，分区域制定政策体系，引导人口的合理分布

中国县级人口城市化空间格局的基本规律：中国县级人口城市化水平存在着明显的东北、东部、中部、西南"四元"结构，呈现自东北向西南递减的规律；高的人口城市化水平地区多是我国的东部、中部大城市（北京、天津、上海、武汉、广东、深圳、珠海、厦门、太原等）地域和北部的个别城市地域；东部沿海人口城市化水平较为一致，基本呈现带状，中部人口城市化水平区域差异较大，呈碎块状，并以武汉为中心递减，西南地区的城市化水平呈条块状分布，且差异较大。[1] 同时，他们把中国人口城市化空间格局按省级区划为"三区"（京津沪区、渝鄂区和藏新区）、三带（东部带、中部带和北部带）。[2] 根据依据国家人口计生委《生态屏障、功能区划与人口发展》课题组的人口区域划分，不同区域县的功能定位是不同的。

《中华人民共和国国民经济和社会发展第十一个五年规划纲要》提出："要推进形成主体功能区"，并将国土空间分为以下四大主体

---

①②　顾朝林等：《中国城市化：格局·过程·机理》，科学出版社，2008 年，第 27 页、第 29 页。

功能区：优化开发区域、重点开发区域、限制开发区域和禁止开发区域。①《国务院关于编制全国主体功能区规划的意见》在"人口管理政策"部分进一步提出，"按照主体功能定位调控人口总量，引导人口有序流动，逐步形成人口与资金等生产要素同向流动的机制。鼓励优化开发区域、重点开发区域吸纳外来人口定居落户；引导限制开发和禁止开发区域的人口逐步自愿平稳有序转移，缓解人与自然关系紧张的状况。"这一宏观政策涵盖人口数量、质量与分布三个方面的内容。

依据国家人口计生委《生态屏障、功能区划与人口发展》课题组的人口区域划分，设计与各区域相适宜的政策体系。在国家层面上，国家人口计生委从七个方面提出政策和制度框架方案，其内容主要包括：把人口流向作为确定中央财政转移支付方向的重要依据，综合平衡人口集聚区承接人口转移的成本及限制区、疏散区生态保护的代价，完善中央对各地区的财政转移支付制度，促进基本公共服务的均等化等。

我们可以按照国家主体功能区划和人口发展功能区划这两种功能定位调控人口总量，引导人口的合理分布。①人口集聚区：这类地区的战略重点是提高人口密度、实现又好又快增长。宜实施"扩大人口规模、增强吸纳能力、推进产业集聚"的政策。在具体实际中，一方面，要注重经济发展；另一方面，要提升人口集聚能力，推进人口城镇化。②人口稳定区：这类地区的战略重点是提高人口城镇化质量、实现经济持续增长。宜实施"稳定人口规模、强化人口集中、调整产业结构"的政策。可结合各地实际，强化农业产业化的发展。③人口疏散区：这类地区的战略重点是建设国家生态屏障、缓解人与自然的矛盾。宜实施"引导人口迁出、鼓励人口集聚、点上集中发展"的政策。目前这类地区生态环境脆弱，人口与产业相对分散，

---

① 《中华人民共和国国民经济和社会发展第十一个五年规划纲要》，《人民日报》，2006年3月16日。

城市化水平不高，大多是国家生态屏障地区和国家重点扶贫县集中分布地区。从表4-5看出，这类地区城镇化率均值为16.15%，在四类人口功能发展区中最低。④人口限制区：这类地区的战略重点是建设国家生态屏障、提供全国性生态服务，宜实施"禁止人口迁入、有序组织迁出、全面保护生态"的政策。对于人口限制区和疏散区，我们要对其进行保护，支持林业产业化发展。

总之，实施主体功能区战略，推进形成主体功能区，根据县域资源环境的特点进行分类指导，利于实现县域可持续发展。为保证主体功能区的形成与推进，需要政府改变以往的考核方式，制定有针对性的考核指标，引导政府制定适宜的政策，在推进城镇化进程中形成合理的人口分布。

2. 坚持不同区域的协调发展，推进大中小城市（镇）的协调发展

我国的城镇体系发展与国家宏观城镇化政策是相一致的。学术界关于城镇化道路的争论由来已久，概括起来，主要观点有发展小城镇；发展中等城市；发展大城市；大中小城市共同发展；城市体系论等。这些针对城镇规模论发展的思路，并未改变城乡二元分割的局面，实践界和理论界提出了另一种思路：走因地制宜的发展道路，通过生产要素市场和机制来调节国家城市体系发展格局。顾朝林等（2008）[1] 提出：在东部地区，以提高城市化质量为目标，发展三大都市连绵区；在中部地区，致力于扩大吸纳农村人口，适度扩大大中型城市规模，大力发展小城镇；在西部地区，中期目标定位于"大城市，小城镇"发展阶段，使城市体系发育与区域社会经济和生态环境相适应。城市化是在适宜开发的很小一部分国土空间集中展开，产业集聚、人口集中居住、城镇密集分布。

---

[1] 顾朝林、于涛方、李王鸣等：《中国城市化：格局·过程·机理》，科学出版社，2008年，第688页。

我们认为，从中国国情来看，未来的特色城镇化应贯彻落实以人为本的科学发展观，立足资源环境承载能力和主体功能区的要求，按照"循序渐进、城乡协调、集约高效、因地制宜、以大带小、多元推动"的原则，以不断提高城市化发展质量为核心内容，引导城市化保持合理的增长速度与适度的发展规模，以中等规模的县级城市为节点，发展县域经济，形成县域范围内的劳动力流动，推动城镇化进程，形成大、中、小城市、小城镇及城乡协调发展的健康城市化格局。

在推进城镇化的过程中，我们既要注意发挥利用大城市规模经济效应与辐射效应，推进大中小城市协调发展，同时，政府应出台相关政策大力发展县域经济，形成县域范围内的劳动力流动，促进县域人口城镇化进程，积极稳妥发展小城市和中小城镇。在县域范围内，各地要注意因地制宜地推进城镇化，例如，把县域中基础条件好、发展潜力大的中心镇作为发展重点；在离大城市较近的周边地区，注重对大城市辐射的承接，结合自身实际，走特色发展之路，建设景区旅游、绿色农业旅游、专业加工、农业产业化、物资集散等专业化和特色化小城镇，与大城市形成优势互补的良性互动关系。同时，我们也要注意协调不同区域间的发展。这些应该成为今后一个时期内县域城镇发展的主要方向。

3. 大力发展县域经济，对县域城镇发展实行分类指导

县域经济与中心城区经济是国民经济的两个组成部分。县域经济发展的过程就是城乡经济协调发展的过程。因此，发展县域经济，促进县域经济与城镇经济的协调发展，是城镇发展和县域发展共同的任务，应成为县域经济发展的新思路。

因县域城镇总体上属于一种低密度、分散化、不紧凑的城市化形态。为此，在县域城镇化战略的实施过程中，要有非均衡发展战略的思想，因地制宜地对县域城镇的发展实行分类指导。（1）对城市群和大城市周边的小城镇，由于可分担区域经济或特大城市的某个或某

些特定功能，作为区域经济的一部分，或者作为功能性城镇化地区的一部分，可以发展壮大，有的作为加工制造基地，有的作为商品集散中心，有的就是单纯的居住区，有的就是旅游休闲地等。对于此类城镇要鼓励其发展，集聚人口，分担城市群地区的特定功能。这样，少数小城镇就能发展起来，成为持续创造就业的载体。（2）对于拥有特定的不可替代资源的城镇，鼓励依托优势资源向特色鲜明、功能独特、环境优美的方向发展。（3）对位于农产品主产区和重点生态功能区的城镇，支持其健全公共服务功能，形成一定地域的公共服务中心。因此，优先发展县域"增长极"，即具备经济基础和发展潜力的中心城镇，使其成为带动区域经济发展、发挥集聚和扩散效应的县域经济增长极。这样，能创造更多的就业机会，优化城镇居住环境，吸纳农村人口向县域城镇集聚。

当前，我国一部分经济比较发达的县已经发展成为城镇经济，全国几百个县级市已成为全国城镇经济的重要组成部分，但对于我国大部分县而言，农业经济、农村经济、农民经济仍是主体或主导。为此，一方面，我们要充分发挥县城的作用，把县城建设成为县域经济的龙头和农村城镇化的经济中心，保障农村剩余劳动力有序转移。这就要求政府要加强对全国所有县的统筹规划，制定相应的县域经济发展指导意见和扶持政策。另一方面，借助发展起来的县城把城市物质文明和精神文明扩展到乡村，在有条件的地区将传统农业改造成为现代农业，建设社会主义农村新社区。因此，以发展、壮大县域经济为切入点，把农村剩余劳动力转移到第二、第三产业，形成县域范围内的劳动力流动，既能实现农村人口的转移，也能减缓农村人口向大城市的高速集中，在一定程度上降低了大城市的社会风险。

第五章

建设新型农村社区：县域人口
城镇化的实践探索

欧洲发达国家在城市化初期，通过剥夺农民土地使农民彻底失去在农村生存的根本从而大举进入城市。这是欧洲国家城市化的"经典"道路。在我国，我们没有也不可能选择这样一条道路。从中国城市化的发展历程看，新中国的城市化经历了诸多曲折，中国城市化发展的方针政策也随着城市化发展的不同阶段而不断演变。在这一进程中，地方政府结合各地实际，开展了多种形式的探索，中国城镇化发展迅速。

当前，我国处在城镇化快速发展阶段。党的十八大明确提出，加快推进城镇化进程，促进农村劳动力转移、实现城乡统筹，是当前的战略任务。李克强总理在报告 2014 年重点工作时强调指出，当前的新型城镇化是，推进以人为核心的新型城镇化。今后一个时期，着重解决好现有"三个 1 亿人"问题，促进约 1 亿农业转移人口落户城镇，改造约 1 亿人居住的城镇棚户区和城中村，引导约 1 亿人在中西部地区就近城镇化。① 可见，推进中部地区就近城镇化是破除城乡二元结构的重要依托。近年来，各地在实践中对就地就近城镇化进行了多种形式的试点与探索。本章对城镇化道路探索中较具特色的湖北省

---

① 资料来源：http://politics.people.com.cn/n/2014/0305/c70731-24534431.html.

鄂州市新型农村社区建设情况做一分析研究，以期对我国新型城镇化道路发展提出政策建议。

一、湖北省城镇化发展的基本概况

作为中部大省，地处中国中部、长江中游，素有"鱼米之乡"、"九省通衢"美誉的湖北省，其城镇化发展的状况直接影响中国城镇化的进程。湖北省经济社会发展"十二五"时期的指导思想是，以推进新型工业化、新型城镇化和农业现代化为重点，加快构建促进中部地区崛起的重要战略支点，为全面建成小康社会打下具有决定性意义的基础。湖北省城镇化发展的几十年间，成就与问题并存。

新中国成立以来，我国非常重视和大力推动工业化，但城镇化长期滞后于工业化。我国是一个农村人口占 70% 以上的农业大国，改革开放以来，我国城镇化步伐逐步加快。20 世纪 90 年代以来，特别是"十一五"规划提出城镇化战略，不同地区、不同层次的中心城市得到不同程度的发展，城镇化进程呈现出加速发展的态势（见表 5-1）。

表 5-1　　　　我国历年的城镇化率（1979～2003 年）　　　单位：%

项目	1979 年	1982 年	1985 年	1988 年	1991 年	1994 年	1997 年	2000 年	2003 年
城镇化率	18.96	21.13	23.71	25.81	26.37	28.62	29.92	36.22	40.53

资料来源：国家统计局：《中国统计年鉴 2004》；简新华：《发展经济学研究》第 2 辑，经济科学出版社 2005 年版，第 121 页；城镇化率为城镇人口占总人口的比重。

从图 5-1 可以看出，自 1982 年以来，我国城镇化发展速度不断提升，1982～1990 年年均增长 0.7 个百分点；1990～2000 年增长速度提高到 1 个百分点，2000～2010 年进一步提高到 1.36 个百分点。

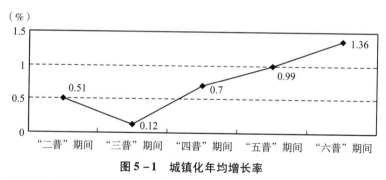

图 5-1 城镇化年均增长率

资料来源：统计局人口普查数据。

湖北省是我国历史上最早出现城市的地区之一。综观湖北人口城镇化的发展进程，大致可分为三个阶段：20 世纪 50 年代快速发展时期，20 世纪 60 年代至改革开放前的停滞时期，改革开放后至今加速发展时期。同整个中国的城镇化发展趋势一致，自 20 世纪 90 年代以来，随着一系列政策和措施的实施和开展，湖北省城市化率一直呈现上升趋势。1949 年湖北省境内仅有武汉、黄石、沙市、宜昌、襄樊五座城市，到 1998 年年底全省共有 36 座城市。特别是自"十五"以来，湖北省把推进城市化进程作为统筹城乡协调发展、加快全面建设小康社会步伐的一项重要战略，出台了一系列加快人口城市化进程的政策、措施，促进了湖北省人口城市化水平的提高（如图 5-2 所示）。根据世界城市化发展规律，当一国人口城市化率超过 30% 时，城市化将进入加速阶段，2004 年湖北省城镇人口占总人口比率已经达到 43.68%。

改革开放以来，特别是自"十五"以来，湖北省把推进城市化进程作为统筹城乡协调发展、加快全面建设小康社会步伐的一项重要战略，出台了一系列加快人口城市化进程的政策、措施，湖北省城镇化水平有了很大提高，呈现出快速健康发展的新局面。1999 年，湖北省城镇人口超过 1900 万人，城镇化水平达到 32%，高于全国平均水平1.1%，居全国各省区（不含直辖市）前十位。① 2000年以来，湖北省城镇化水平稳步提高，在"十一五"时期的前四年，全省城镇化水平由2005年年底的43.2%增长到2009年的46%，每年平均以0.7%的速度增长。特别是近两年，每年城镇化水平增长均在0.8%以上，呈加快发展态势。②

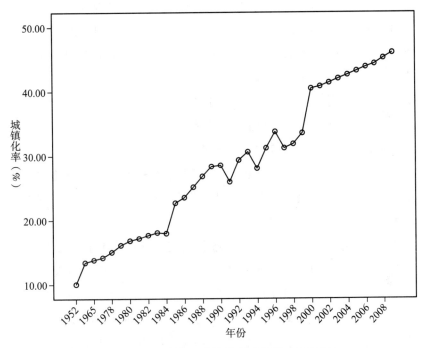

图5-2 湖北省人口城镇化率（1952~2008年）

资料来源：《湖北统计年鉴2010》。其中，人口数除1982年、1990年、2000年是以人口普查为基数推算外，1982年及以后为人口抽样调查推算数；2000年以前的城镇化率是根据总人口数计算而来，2001年以后的城镇化率则是根据常住人口数计算而来。

截至2009年年底，湖北省共有城镇817个，其中设市城市36

① 张发懋：《实施小城镇大战略 推进湖北城镇化进程》，载于《政策》，2000年第10期，第11页。

② 李德炳：《加快建立住房保障体系，奋力推进全省城镇化建设》，http://www.hbzyw.gov.cn/xwxx.asp? id = 10497.2010.5.18.

个。按行政等级划分，全省省辖市 12 个（武汉、黄石、十堰、宜昌、襄樊、鄂州、荆门、孝感、荆州、黄冈、咸宁、随州），自治州 1 个（恩施），县级市 24 个（含省直管市仙桃、潜江、天门），县 40 个（含神农架林区，下同），其他建制镇 740 个。[①] 根据《湖北统计年鉴 2010》，截至 2009 年年底，湖北省常住人口为 57200000 人，城镇人口为 26312000 人。从"六普"数据看，湖北省的常住人口为 57237740 人，户籍人口为 61759720 人（含户口待定的人）。[②] 其中，农村进城农民工的快速增长，提高了我国城镇化发展的速度。这一点从"六普"数据可以得到证实："六普"显示，居住地与户口登记地所在的乡镇街道不一致且离开户口登记地半年以上的人口为 2.6 亿人，其中仅 4000 万市辖区内人户分离人口，其余 2.2 亿为农民工和城市间流动人口，在这其中农民工是主体。

以上分析表明，改革开放后，特别是 2000 年以来，湖北省经济社会的快速发展，极大地促进了城镇化水平的提高，城镇化进程进入加速发展阶段，并呈现出以下特点。

一是城镇化水平持续提高，增长趋缓。分析湖北省城镇化发展进程可以看到，湖北城镇人口不断上升，城镇数量变化较大，特别是改革开放以来，湖北城镇化发展更是取得了巨大的成绩，基本上完成了由近代城镇向现代城镇的过渡。目前，湖北省已初步形成以省会武汉为中心，以长江经济带为主线，以中小城市为主体，以县城（市）和小城镇为依托，大中城市和小城镇共同发展的城镇体系。城镇化率由 1978 年的 15.4% 上升到 2009 年的 46.0%。城镇人口由 1978 年的 703.22 万人上升到 2009 年的 2631.2 万人。1978～2000 年，湖北省城镇人口年均增长 5.9%，2001～2009 年，城镇人口年均

---

① 资料来源：《湖北统计年鉴 2010》。

② 资料来源：http://www.stats-hb.gov.cn/structure/xxgk/tjgb/qstjgbzw_216090_1.htm，2011 年 9 月 7 日。常住人口包括：居住在本乡镇街道且户口在本乡镇街道或户口待定的人；居住在本乡镇街道且离开户口登记地所在的乡镇街道半年以上的人；户口在本乡镇街道且外出不满半年或在境外工作学习的人。

增幅下降为 1.0%①，这些数据表明湖北省城镇化速度在减缓。②

二是小城镇建设和基础设施建设力度增大。近年来，湖北各地把小城镇建设作为一项重点工作来抓，一大批颇具特色的小城镇迅速崛起，如仙桃市彭场镇、汉川市马口镇、襄阳市双沟镇等一批各具特色明星城镇。这些小城镇已成为全省小城镇建设的榜样。

从城镇化发展现状看，目前，湖北省人口城镇化已进入加速发展阶段，但由于体制障碍因素，城镇健康快速发展的矛盾和问题不可避免。县级城市作为联系城乡的关键节点和兼顾城市化与城乡一体化、兼顾效率与公平的重要切入点，应当得到政策上的重点倾斜，以县级城市为政策重点的城乡一体化来推动城市化。③ 近年来，湖北省鄂州市在推进城乡一体化方面进行了诸多探索，并取得了一些成效。

二、湖北省新型农村社区的发展背景

湖北省的新型农村社区建发端于各地基层农民集中统一建设房屋的实践。进入 21 世纪以后，中央围绕农村社区出台了一系列政策。2005 年，党的十六届五中全会指出，"建设社会主义新农村是我国现在化进程中的重大任务，新农村建设的基本内涵是生产发展，生活富裕，乡风文明，村容整洁，管理民主。"2006 年，党的十六届六中全会通过《中共中央关于构建社会主义和谐社会若干重要问题的决定》提出，"全面开展城市建设，积极推进农村社区建设，健全新型社区管理和服务体制，把社区建设成为管理有序，服务完善，文明祥和的

---

① 1978～2004 年数据出自《新中国成立五十五年资料汇编 1978～2004》（国家统计局编，中国统计出版社 2005 年版）以及《湖北农村统计年鉴》（湖北辞书出版社 2004 年版）。2005 年以后数据出自湖北省 2005～2010 年统计公报，2005 年之前的人口按照户籍人口计算，2005 年后的数据按照常住人口计算。

② 备注：2005 年以后数据出自湖北省 2005～2010 年经济和社会发展统计公报，2005 年之前的人口按照户籍人口计算，2005 年后的数据按照常住人口计算。

③ 王智勇、黄亚平、张毅：《湖北省城镇化发展的路径思考》，载于《小城镇建设》，2010 年第 5 期，第 13～16 页。

社会生活共同体。"这是在中央的决定和文件中第一次使用"农村社区"概念，并提出了农村社区的建设目标。2007 年，党在十七大上再次强调，把城乡社区建设成为"管理有序、服务完善、文明祥和的社会生活共同体"，这表明社区不仅仅是城市的"专利"。2008 年，中共十七届三中全会通过的《中共中央关于推进农村改革发展若干重大问题的决定》进一步强调，"必须完善农村社会管理体制机制，加强农村社区建设，保持农村社区和谐稳定。"2012 年，党的十八大报告提出了"四化同步"的城乡一体化发展思路，同时指出，新型农村社区建设是新型城镇化的重要支撑，是推进农村"三化"协调发展的重要体现。2013 年党的十八届三中全会指出"要加快构建新型农业经营体系，赋予农民更多财产权利，推进城乡要素平等交换和公共资源均衡配置，完善城镇化健康发展体制机制。"新型农村社区建设是党和政府统筹城乡一体化发展，打破城乡经济二元结构的背景下做出的决策，旨在顺应城镇化的要求，改变农村传统的分散居住模式，引导农民集中居住，实现村庄整合，构建公共资源集中，公共生活服务设施完善的农村社会生活共同体，从本质上实现人的城镇化。在中央政策的指导下，2006 年，湖北省武汉市的江夏区被确定为全国第一批"农村社区建设实验区"，江夏区按照"一村一社区"的原则，因地制宜地探索确定农村社区设立模式，形成了既统一又各具特色的农村社区建设格局。2007 年，湖北的赤壁、谷城、秭归等 12 个县（市、区）被列入"全国农村社区建设实验县（市、区）"，湖北的宜城、孝感、京山等 5 个县（市、区）被纳为"湖北省级农村社区建设实验县（市、区）"，并根据不同地区的特点成功 12 个国家级实验区、5 个省级实验区以及 3 个省级农村社区建设研究联系点，计200 多个试点村。新型农村社区的发展模式源于基层的实践与探索，从新农村到新型农村社区的转变，把新型农村社区作为新型城镇化的战略基点，作为城乡一体化发展的切入点，是就近城镇化道路的一种新的表现形式。

2008 年，鄂州被湖北省确定为全省第一个城乡一体化试点城市，此后，在鄂州市有组织地启动村庄搬迁整合工作。2009 年，鄂州市制定的《鄂州城乡一体化发展纲要》，明确到 2011 年，初步建立城乡一体的经济社会发展体制和运行机制，城镇化率达到 61%，目标是到 2016 年，建立更加完善的城乡一体化经济社会发展管理体制和管理机制，城镇化率达 67%。湖北在认真总结各地农民群体探索和地方新农村建设经验的基础上，创新性地将各地开展的"中心村、示范村、农村住宅社区"等归纳为新型农村社区。2011 年 8 月 25 日，湖北省委、省政府出台了《关于进一步加强社区建设的意见》，将新型农村社区建设纳入现代城镇体系规划，以新型农村社区为载体，着力增强新型农村社区的战略基点作用，推动城镇生产要素和产业链条向农村延伸、基础设施和公共服务向农村覆盖，化农村为城市、化农民为产业工人，让广大农民过上城市人的生活，推进城乡一体化发展。

鄂州市位于湖北省东部，濒临长江。帝尧时为樊国，夏商时为鄂国，秦汉时为鄂县。公元 221 年，吴王孙权改鄂县为武昌，取"以武为昌"之义称帝建都。1983 年，鄂州成为省辖市。全市国土面积 1593 平方公里，是著名的百湖之市、鱼米之乡。闻名遐迩的"武昌鱼"就产自鄂州。

鄂州市拥有鄂城、华容、梁子湖三个县级区和葛店开发区，以及古楼、樊口、西山、凤凰四个直管街道办事处。鄂城区辖汀祖、碧石渡、泽林、燕矶、杜山、新庙、沙窝、花湖、杨叶、长港 10 个乡镇；华容区辖庙岭、华容、段店、临江、蒲团 5 个乡镇；梁子湖区辖东沟、太和、涂家垴、沼山 4 个乡镇和梁子岛生态旅游区；葛店开发区辖葛店镇。全市有汉、蒙古、回、苗、藏、壮、朝鲜、满、侗、瑶、白、土家、高山、水、纳西、锡伯、傈僳等 20 多个民族。

人口分布状况从 2010 年"六普"数据中可见一斑。鄂州市登记的户籍人口为 1082653 人，常住人口①为 1048672 人。全市常住人口的地区分布如表 5-2 所示。全市常住人口中，具有大学（指大专以上）程度的 77470 人；具有高中（含中专）程度的 174720 人；具有初中程度的 431821 人；具有小学程度的 247864 人（以上各种受教育程度的人包括各类学校的毕业生、肄业生和在校生）。

表 5-2　　　　　　　　　鄂州市常住人口地区分布

地区	鄂城区	华容区	梁子湖区	葛店开发区（含葛店镇）	鄂州开发区	凤凰办	古楼办	西山办
人口数（人）	303315	172599	142608	64734	31013	138032	127600	68771

资料来源：2010 年"六普"数据。

进入 21 世纪后，鄂州市城镇化进入快速发展时期。2007 年，鄂州市城镇化率达到 56%，比 2003 年提高了 6 个百分点，平均每年提高 1.5 个百分点。城市建成区面积达到 46 平方公里，是建市之初的 4.6 倍。在这一进程中，城乡居民收入差距也逐渐缩小，但总体收入水平还不高，2007 年全市城镇居民可支配收入低于全省平均水平。同时，城乡差距依然存在。

2008 年，湖北省委省政府为贯彻落实科学发展观、建设社会主义新农村，确定在鄂州开展推进城乡一体化的试点。在这一背景下，鄂州市政府按照武汉城市圈建设"两型"社会综合配套改革试验的总体要求，遵循"统一规划、循序渐进，市场运作、体制创新，城乡联动、双向推进，以人为本"的原则，推进新型农村社区建设。

---

① 常住人口包括：居住在本乡镇街道，户口在本乡镇街道或户口待定的人；居住在本乡镇街道，户口在外乡镇街道，离开户口所在的乡镇街道半年以上的人；户口在本乡镇街道，外出不满半年或在境外工作学习的人。

三、鄂州市新型农村社区建设的实践探索

鄂州市政府对全市市域 1593 平方公里进行科学规划、科学定位，按照经济流向和发展潜力进行城市功能分区，在鄂州靠近武汉、黄石的地域布局新城，在交通节点、经贸较发达镇区建设特色镇，突破行政村的界限规划中心村（新社区），构建以主城区为中心，三座新城（葛华科技新城、红莲湖旅游新城、花湖工贸新城）为依托、十个特色中心镇（太和、汀祖、燕矶、碧石、段店、蒲团、涂家垴、沼山、长港、长岭）为节点，其他建制镇和中心村为基础的四位一体城乡空间格局。新型农村社区的规划坚持与"一主三新十特"的城镇体系规划相协调，遵循"用地集约节约、产业发展优化、聚居人口适度、服务半径合理、资源配置有效、功能相对完善、地方特色明显、公共安全保障"的原则，分类推进新型农村社区建设。全市共规划建设 60 个农村新型社区，规划到 2016 年，全市 18 万农村居民住进农村新型社区。在这一进程中，鄂州市政府出台了多项配套政策，一方面，发挥产业集群的辐射作用和吸纳作用，促进农村劳动力向城镇转移；另一方面，积极推进农村社区向城镇社区转变。

为发挥规划先行的作用，鄂州市政府提出，既要对城镇建设作出总体规划，也要对乡村民居建设作出总体规划。要求在全市范围内统一规划布局重大产业发展项目、公共事业项目和社会发展项目，提高资源配置效率和设施共享度，实现鄂州与武汉、城市与农村的产业发展、基础设施、国土利用、社会事业、生态环境保护等各类专项规划全面对接。

在新型农村社区建设的过程中，鄂州市沿着"试点→总结经验→逐步推进"的模式推进，分阶段完成预期目标。在这一过程中，鄂州市建设新型农村社区推进统筹城乡发展的主要目标是试图推进"六个一体化"：城乡规划一体化、城乡产业布局一体化、城乡基础

设施一体化、城乡公共服务一体化、城乡社会管理一体化、城乡市场体系一体化。

与此同时，鄂州市政府紧密结合地方资源禀赋、经济条件、人文特点和长远发展需要，充分尊重群众的意愿和首创精神，探索出多种农村新社区建设推进模式。当地政府概括为六种模式：迁村腾地型、依托集镇型、项目拆迁型、城中村改造型、产业培育型、环境整治型。

不同模式的社区有各自的特色，但鄂州市新型农村社区建设的一个共性就是每个社区都建有标准化的农村社区综合服务中心。当地政府采取改建、扩建或新建方式，建立集管理、服务、教育、活动等功能为一体的农村社区综合服务中心，承接政府延伸到农村的政务服务及有关公共服务。每个社区综合服务中心一般按"1＋8"的模式设置公共服务设施，即社区党（委）支部、村（居）委会办公场所和便民服务中心、综治维稳中心、文体活动中心、劳动就业培训中心、卫生服务中心、计划生育服务中心、农村党员群众电教中心、农家超市。这种八位一体的社区综合服务中心（"1＋8"社区服务中心），会存在不同社区具有同一服务功能的部门名称不同，但从功能的角度看，体现了新型农村社区公共服务设施配备状况，也是"以人为本"思想的一种体现。从鄂州市新型农村社区建设经过这几年的探索、实践，试点村的村容村貌村风得到快速改善，这些不同模式的社区建设实践中，一些富有特色的经验值得总结。在此，我们从产业支撑视角，对不同类型社区进行探讨，从中我们可以透视不同类型社区的特点。

（一）迁村腾地，节约土地资源

鄂州市政府将新社区建设与国土整理"增减双挂钩"项目相衔接，鼓励分散居住的农民以其宅基地置换新规划区内的住宅用地集中建房。蒲团乡横山新社区以这种方式安置农户360户，平均每户占地由 2 亩减到 200 平方米。

横山村地处乡政府所在地，交通便利，武黄高速、樊寺路成十字形穿村而过。在引导村民进新社区的过程中，政府出台了一些政策控制、引导和激励农民向横山社区集中。如政府规定横山新社区所在地的横山村村民自行改建、新建住宅必须迁入新社区集中建设，否则不予审批。当然，在新社区集中建房，要求做到"五个统一"：统一规划、统一式样、统一施工、统一放线、统一颜色。愿意在新社区集中建房或购房者，均可享受一些优惠政策。

在调查中，我们发现：政府主导试点的这种社区，"迁村腾地"确实集中了部分村民，在节约用地方面取得了初步成效，该地首期社区建设，整体搬迁了一个小组及周边零星散户，净增土地 200 余亩。但是，当地并无产业支撑，因此，不宜扩大社区规模。当地政府在试点的基础上，相关领导人也表示不会在该地继续扩大社区规模。

（二）发挥农业优势，推进新型农村社区建设

路口村地处鄂城主城区西南 10 公里，武黄高速路口出站口西侧，樊湖公路与武黄高速在境内形成立交，百里长港自东向西穿村而过，地理区位优越。域内沟港纵横，水系发达，交通十分便捷。下辖 13 个村民小组，9 个自然湾，农业人口 781 户，3161 人。全村土地面积为 6.8 平方公里，拥有耕地面积 6451 亩（其中旱地 2600 亩，养殖面积 2200 亩，自留地面积 800 亩），是一个传统的农业大村。该村土地肥沃，雨量充沛，特别适合大规模农产品的种植，发展大农业的优势明显，宜居宜业的理想场所。

根据路口村的资源优势和特点，当地政府采取村庄整治与新村建设相结合的模式建设路口新村。一方面，以村庄整治工程为重点推动新村建设。在"三清"（清路障、清垃圾、清沟渠）的基础上，以实施硬化、绿化、亮化工程为重点，着力推进村庄整治工程，改善农村人居环境。另一方面，以农业产业化为龙头推动新村建设。围绕发展

壮大水产，蔬菜两大支柱产业，建成农业特色板块，提高农业产业化水平。路口村是一个水产大村，拥有水产养殖面积 2700 亩。2011年，该村对南湖水产养殖改造工作，着手打造南湖水产千亩特色水产养殖基地。2012 年，村委会以永达水产养殖专业合作社为载体，开展南湖基地千亩鱼池的流转工作，推行"公司＋基地＋农户"的新型养殖模式。为夯实村级集体经济，2011 年，村委会注册成立了"鄂州市路口拓峰贸易发展有限公司"，为村级集体经济发展构建平台。通过努力，公司与北京市怀柔区鹿业协会已签订合作协议，引进以鹿文化为主题的大型农家乐项目落户。公司将通过社会融资、个人参股，财政支持等方式筹资，结合北京市怀柔区鹿业协会成功的经营管理经验，新建一大型集梅花鹿养殖、鹿制品品尝、鹿文化展示、人鹿互动、特色餐饮等于一体的工业园区。

尽管路口村农业产业化处于起步阶段，但从政府已采取的系列举措和成效，以及当地的发展前景来看，路口村以农业产业化推动新型农村社区建设的模式具有可行性。

路口村主要着力于村庄的整治结合新农村建设。新社区建设本着不搞大拆大建的形式，以村庄整治为主。社区一期建设主要特色在着力村庄整治，通过农村硬件设施的改造，来改善居民居住条件。目前已完成"百里长港示范区"沿樊湖线房屋的"穿衣戴帽"工作，以"三清"（清淤泥、清垃圾、清路障）、"三化"（硬化、绿化、亮化）为重点整治村庄，建成环境优良、和谐文明的农村新社区。在此基础上，优化产业结构，发展村集体经济。规划的社区二期建设将以"迁村腾地"模式为主。可见，路口村一期新型农村社区建设，以村庄整治和产业结构调整为抓手，对人口相对集中、居住条件较好的自然村，通过推进村庄整治，建设自然生态型新社区。暂时没有出现失地农民和户籍变动情况。这种模式推进新型农村社区建设，因地制宜，不需要大拆大建，可以减少投资、节约成本。

2009 年以来，峒山村新农村社区的建设，也是发挥农业优势，打造"宜居宜业宜游"的旅游新社区。突出生态农业、观光旅游、古镇文化三位一体的特点，以产业拉动峒山的经济发展。与路口村不同的是，峒山村的一期建设以"迁村腾地"为主。

（三）工业化带动新型农村社区建设，推进就地城镇化

鄂州市新型农村社区建设实践中，泽林镇楼下村的"城中村改造"就是这种模式的典型代表。

泽林镇楼下村下辖 11 个村民小组，3250 人，耕地面积 150 亩，人均耕地面积不足 0.05 亩，是一个典型的土地资源匮乏村。多年来该村依托资源优势，大力发展矿业、建筑等支柱产业。2009 年，借助市委区委强力推进城乡一体化建设的有利契机，楼下村两委确立了"四园一区"（工业园、现代农业高科技园、自然生态休闲园、物流园和商贸居住新区）的城乡一体化发展思路。

自 2009 年该村城乡一体试点实践以来，楼下村把搬迁村民的安置房建设同开发商的商品房建设结合，"捆绑"开发。截至 2012 年 5 月，楼下村引进开发商对旧村集中改造，260 户拆迁户住进新居，用腾退的 300 亩土地开发工业园，安置农民就业。

在调研中，我们发现，整个楼下村村民基本上是无地的农民，因有村集体经济（矿产资源），大部分在矿上就业，有的组每年还发钱（物）。拆迁后，房屋面积按 1∶1 分配新社区房屋，社区基础设施完善，属于自发形成的新社区。居民总体满意，大家更愿意成为农村户口。

池湖社区的建设也是依托产业发展起来的。与楼下村不同的是，池湖村的试点实践是依托金刚石刀具产业园和葡萄基地，建成产业和社区同步发展的农村新社区。该社区以龙头企业、规模种养板块为基础，规划建设核心产业园区，配套建设农民集中居住区。池湖社区的建设属于政府主导推进，因地理位置与市区近、平，交通便利。一方面，政府征地用于产业发展；另一方面，让农民集中居住，可转换出

一部分宅基地。与楼下村相比，池湖社区的村集体经济相对较弱，产业发展还处于培育阶段，征地补偿标准每亩 2 万 ~ 3 万元的补偿标准，而用于该社区建设的耕地质量较好，据了解该地每年每亩可收益 2 万 ~ 3 万元。从我们走访的情况来看，对于 50 多岁的村民来说，因为外出就业无望，考虑到长期的收入问题，因此，一部分人不愿意这样的土地被征用。

根据上述分析，从推进城镇化视角，建设新型农村社区过程中，产业支撑的重要性明显可见，与产业相关联的就业、住房和社会保障得以顺利解决，老百姓自然满意。

四、鄂州市新型农村社区建设的政策保障

鄂州市政府在推进新型农村社区建设的同时，以深化户籍管理制度、就业制度、社会保障制度、土地制度及农村行政体制改革为突破口，为促进城乡和谐发展提供体制性保障。

（一）深化户籍管理制度改革

为加快鄂州市城镇化、工业化和现代化进程，促进城乡经济和社会协调发展，进一步规范户籍管理，根据《国务院批转公安部关于推进小城镇户籍管理制度改革的通知》精神，2002 年、2003 年、2004 年和 2009 年分别进行了不同程度的户籍制度改革。

图 5 - 3 中所列内容均为相应年份符合所列条件之一者，均可以在该市落户。从图 5 - 3 中我们可以看出，鄂州市在人口城镇落户条件的设定上，随着时间的推移，为适应变化的形势，对户籍政策进行了不同程度的改革。

根据湖北省政府进一步深化户籍管理制度改革的有关精神，结合鄂州市的实际，进一步推进和深化鄂州市户籍管理制度改革。从 2004 年 11 月 3 日起，在鄂州市范围内打破城乡分割的户籍管理二

元结构，建立以居住地登记户口为基本形式，以合法固定住所和稳定职业（生活来源）为基本条件的户籍登记制度。规定凡在鄂州市登记常住户口的居民，按实际居住地统一登记或改登为"湖北居民户口"。

2002~2004年鄂州市城镇落户条件的变化

2002年：
1.在城区和建制集镇有合法固定住所并有常住户口者，直系亲属可投靠入户。年龄要求：子女小于18岁，父亲大于60岁，母亲大于55岁。
2.在城区或城镇购商品房、合法自建房屋者，面积达80平方米以上。
3.投资、经商，经营性资产额达10万元以上。
4.本地生源的大中专业毕业生，暂无工作者，办理城镇集体户口。
5.失地农民登记为城区常住户口。

2003年：
1.取消房屋面积限制。
2.增加"从事个体经商、餐饮业三年以上者，可申请本人及直系亲属在城区入户"。
3.本地生源的大中专业毕业生，暂无工作者，可回原户口所在地入户。

2004年：
1.房屋面积达50平方米。
2.投资、办实业注册资金达5万元以上或经商、从事其他经营活动达2年以上。
3.考取本市大中专院校（含技校）的学生，在校期间可不办理户口迁移，就业后可随单位或实际住地迁移。

图 5 - 3　鄂州市户籍政策改革（2002～2004 年）

为更好地推进城乡一体化，鄂州市政府进一步放宽户口迁移落户政策，最大限度地降低户口迁移条件，取消对农村劳动力进城落户的指标限制，取消申报、迁移户口的各种不合理的前置限制条件，积极探索城镇人口迁移农村落户的管理办法，统一按公民经常居住地登记户口，以合法固定住所、稳定职业或生活来源为户口准迁基本条件。改革暂住证制度，实现对流动人口由暂住证管理向居住证管理转变，保证领取居住证的流动人口与当地居民在纳税等方面履行同等义务的同时，享有同等待遇。简化户口办理程序，将户口审批统一到各区分局户政大厅直接受理，实行"一站式"服务。

现行户籍政策内容在 2004 年户籍政策的基础上，进行了一些调整：一是取消购房入户房屋面积限制。二是放宽户口迁移落户政策，这主要体现在四个方面：（1）未婚子女投靠父母落户的，不受子女年龄在 18 周岁以下的年龄限制；父母在城镇购房落户的，其未婚子女随迁不受年龄在 18 周岁以下的年龄限制。（2）凡男方原籍在本市农村、现在城镇工作，其妻子及其未婚子女长期与男方父母实际生活在原籍所在农村的，经男方原籍所在村组同意，并出具接收证明，其妻子及其未婚子女可投靠男方父母落户。（3）在本市工作的本地生源或本科以上外地生源的大中专毕业生，可投靠本市任何亲戚朋友落户或在所在单位落户。（4）在城镇生活没有着落、原籍在农村且有固定住所并连续居住三年以上的，经原籍所在村组和乡（镇）同意并开具接收证明，由当地公安派出所审核、公安分局审批后可回原籍农村落户。

（二）完善就业保障制度

解决就业是推进人口城镇化的关键环节，而加强职业技能培训与认定则是保障就业的有效途径。鄂州市在这方面为我们提供了好的范例。

第一，整合培训资源，规范管理培训机构。市政府对培训机构进行了全面调查，在此基础上，整合资源并进行规范化管理。目前，鄂州市已基本形成了以公办培训为主，以民办培训为辅的门类齐全、设施配套的培训网络体系。截至 2011 年，鄂州市人社部门共有培训机构 27 个。其中，从地域分布上看，主城区有 19 个，在开发区及乡镇有 8 个；从开设的专业看，有机电一体化、数控技术、应用电子技术、旅游、机床、机械加工、农副产品加工等 30 多个专业；从师资构成上看，有专职教师 185 人，兼职教师 61 人，实操教师 43 人。从设施设备上看，全市拥有职业培训设施设备1006台（套、批）。

第二，突出重点，巩固创业培训品牌。由于创业培训在发挥创业带就业的作用中具有辐射性、带动性强的特点，2008年，鄂州市在全市大力实施了"金桥创业带就业工程"，重点推进了创业培训工作。2011年，政府把创业培训作为培训工作的重中之重，加大巩固创业培训品牌力度，通过推行"创业培训＋小额贷款"模式来促进城乡劳动者自主创业，充分发挥创业培训在创业带就业中的作用。目前，已创业培训的人员已涵盖农村劳动者，复员、转业、退役军人，高校毕业生等人群，非城镇学员比例由2010年的15%上升到了26%。为满足不同人群、不同培训对象的要求，鄂州市政府拓展了培训方式方法，将创业培训班办到街道、乡村。为提高创业培训质量，成立了"鄂州市创业指导中心"、"鄂州市专家咨询委员会"及"鄂州市创业促就业志愿者服务组织"，这三支团队各司其职、各负其责，为创业者提供个性化和专业化的跟踪服务，极大地促进了创业者的创业热情。此外，针对鄂州市残疾人技能欠缺，求职困难的现状，成立了专门的培训学校，如2011年鄂州市华容区成立了鑫诚职业技术培训学校。

第三，在培训方式上，以"服务企业、服务经济发展"为切入点，与企业开展联合培训，提高企业职工技术水平。如2011年，市天路机械职业学校直接把培训办到企业，与鸿泰钢铁厂、武钢球团矿联合，为企业开办了3期培训班，培训员工200多人。同年，对全市的星级宾馆人员进行技能鉴定与技能培训。

鄂州市在职业技术技能培训方面为我们提供了可供借鉴的成功经验。要促进农民工就业并能在城市公平参与竞争与就业，就需要加强职业技术技能的培训与认定工作，为农民进城提供前提保障。

（三）建立土地合理流转机制，保障农民权益

与以往不同的时，当今的农民收入来源呈多样化的特点，土地的

收益功能弱化，保障功能增强。在这一背景下，建立适应城镇化的土地合理流转机制，理应成为各级政府的责任。

新型城镇化与新农村建设是一个有机整体。加大城乡统筹力度，实现城乡良性互动，是我国"十二五"时期面临的一个重大战略。随着工业化与城镇化的快速发展，农村人口的非农化转移带来农村常住人口的逐渐减少，突出表现在农村人口转移减少未与农民居民点用地面积缩减挂钩，由此出现的农村空心化及其空心村问题，已引起政府部门的关注。2007 年为探索并逐步完善农村社区建设思路，形成适合我国国情的农村社区建设管理体制和运行机制，民政部下发了《全国农村社区建设实验县（市、区）工作实验方案》，打算用一到两年时间开展农村社区建设实验活动。① 农村社区建设拉开了我国迁村并居的序幕。从总体来看，迁村并居是件好事，完善了农村人居环境与基础设施，利于推进农村城镇化。但有些地区出现了明显的"冒进"倾向，有些地方政府利用城乡建设用地增减挂钩，为了增加城市建设用地指标，不顾农民的意愿和利益，强制推行迁村并居，致使一些农民"被赶上楼"，给农民的生产生活带来了很大不利影响。②

在城乡一体化过程中，鄂州市政府采取多种措施改革征地制度，并探索不同模式的新型农村社区建设，一方面节约土地，另一方面社区的基础设施和人居环境得到很大的改善。这对于农村空心村问题的解决不失为一种好的办法。实践证明，与产业发展相配套的新型农村社区建设取得了很好的效果。如鄂州泽林镇楼下村下辖 11 个村民小组，3250 人，耕地面积 150 亩，人均耕地面积不足 0.05 亩，是一个典型的土地资源匮乏村。多年来该村依托资源优势，大力发展矿业、建筑等支柱产业，2009 年，全村实现工农业总产值 1.5 亿元，村集

---

① 见民政部《全国农村社区建设实验县（市、区）工作实验方案》，2007 年 3 月 29 日。
② 徐光平：《"十二五"时期协调推进新型城镇化与新农村建设研究》，载于《东岳论丛》，2010 年第 8 期。

体经济纯收入达 2300 万元。① 2009 年，楼下村两委确立了"四园一区"（工业园、现代农业高科技园、自然生态休闲园、物流园和商贸居住新区）的城乡一体化发展思路。整个楼下村村民基本上是无地的农民，因有村集体经济（矿产资源），大部分在矿上就业，有的组每年还发钱（物）。房屋拆迁面积按 1：1 分配新社区房屋，社区基础设施完善，属于自发形成的新社区。居民总体满意，大家更愿意成为农村户口。

（四）完善社会保障体系，推进城乡基本公共服务均等化

对农民来说，不管是在农村还是在城市生活，最关键的是就业与社会保障。我国户籍政策的改革，阻碍更多地来源于因为附加在户籍上的非均衡的公共服务供给。作为解决民生问题的基本公共服务状况直接关系到农村的稳定与发展，进而决定了整个国家的稳定与发展。各地在推进城镇化与城乡一体化进程中，在户籍改革、就业、社会保障政策、社区管理等方面进行了完善并取得了一些成绩。

为了加快鄂州市城市化、工业化和现代化进程，促进城乡经济和社会协调发展，进一步规范户籍管理，根据《国务院批转公安部关于推进小城镇户籍管理制度改革的通知》精神，2002 年、2003 年、2004 年和 2009 年分别进行了不同程度的户籍制度改革。为更好地推进城乡一体化，鄂州市政府在已经对城乡居民统一登记为"湖北居民"户口的基础上，进一步放宽户口迁移落户政策，最大限度地降低户口迁移条件，取消对农村劳动力进城落户的指标限制，取消申报、迁移户口的各种不合理的前置限制条件，积极探索城镇人口迁移农村落户的管理办法，统一按公民经常居住地登记户口，以合法固定住所、稳定职业或生活来源为户口准迁基本条件。改革暂住证制度，实现对流动人口由暂住证管理向居住证管理转变，保证领取居住证的

---

① 根据笔者 2012 年 5 月在鄂州市调研时的访谈记录整理而成。

流动人口与当地居民在纳税等方面履行同等义务的同时，享有同等待遇。简化户口办理程序，将户口审批统一到各区分局户政大厅直接受理，实行"一站式"服务。

从现行户籍政策的内容中，我们可以发现，住房、稳定职业（或收入）是人口进入城市的必要条件，因此，要想推进县域人口城镇化发展，就要从解决就业，提高农民收入作为突破口。从党的十六大提出构建社会主义和谐社会以来，中央政府及各级地方政府在推进城乡基本公共服务方面，制定了一系列有成效的政策措施，包括医疗卫生、养老保险等政策。当然，虽然一些地方在人口登记管理方面实现了城乡一致，但我们在调研中发现，城市户口与农村户口在社会保障体系方面二元体制依旧存在。特别是在当前需要完善农村土地制度的背景下，完善农村社会保障制度显得尤为重要。

协调推进农村土地制度与农村社会保障制度，对于推进县域人口城镇化的发展是非常重要的。当然，不同类型的农民其需求是不同的，例如，无地农民，就应该直接纳入城镇社会保障体系。而在城镇打工的流动人口，保留其耕地承包权作为他们的基本生活保障。因此，对不同类型的农民应制定相应的保障政策。在调研中，我们发现不同人对成为市民的看法和意愿是不一样的，为此，针对不同人群分类制定政策引导农村人口合理流动，这对于推进城镇化具有特别重要的意义。

五、以新型农村社区推进就近、就地城镇化

"就近城镇化"和"就地城镇化"作为县域城镇化的两种表现形式，"就近城镇化"是指原农村人口近距离迁移到家乡附近的市镇；"就地城镇化"则突出对农村的就地改造，农民不用迁移到其他地方，在世世代代居住的村庄里，完成了向城镇化、现代化的转型。当前，利用大城市的主导地位促进中小城市（镇）的发展，发展县域

经济，促使流动人口向县域城镇迁移，实现就近、就地城镇化，有利于缓解和消除大城市的"城市病"。从鄂州市新型农村社区的实践效果来看，新型农村社区的建设有利于促进人口就近迁移。

（一）新型农村社区建设促进人口就近迁移

在人口城镇化进程中，鄂州市农民工外出务工的形势依然看好。但是，随着鄂州城乡一体化进程的推进，鄂州市对人口的吸引力明显增强。从2008年、2011年和2012年2月对该市48个行政村农村劳动力外出务工的调查数据，我们可以了解鄂州市农村人口的流向及其特点。

一是农民外出务工的形势依然看好。从调查数据看，农民外出务工总量略增。2012年，鄂州市外出务工人数达到127479人，同比增加1300人，增长1.03%。

二是省内增加，省外减少（见表5-3）。省内务工80317人，同比增长3.4%。其中，在市内乡外务工69075人，同比增长7.41%。市内务工人数占省内人数86%，占全部外出务工人数的54.1%；到省外务工人数46693人，同比下降2.71%。这一现象折射出本地经济跨越发展呈现良好势头。

表5-3　　　鄂州市外出从业员分布情况（2011～2012年）

分类	市内乡外	省内市外	省外	合计
2011年	64310	16475	47994	128779
2012年	69075	11245	46693	127479
增长率	7.41	5.36	-3.91	1.03

资料来源：鄂州市统计局。

三是西部减少，中东部增长。西部地区人数下降，中部地区增长幅度较大。西部地区6373人，同比下降2.98%；中部地区务工人数

81417 人，增长 4.87%；东部地区务工 39689 人，同比增长 0.51%，西部务工人数不及东部的 1/5，中部地区人数主要集中在本省，省内务工人数占中部地区人数的 98.64%（见表 5-4）。

表 5-4　　　　鄂州市农民外出务工的地区分布情况（2011~2012 年）

单位：人，%

分类	东部	中部	西部
2011 年	39488	77636	6569
2012 年	39689	81417	6373
同比增长	0.51	4.87	-2.98

资料来源：鄂州市统计局。

四是从就业的行业来看，这几年鄂州市农民工从事第二、第三产业的人员明显增加，而从事第一产业的人员基本持平。从 2012 年鄂州市农民就业的行业看，增长的行业主要是制造业，其次是服务业，第一产业从业人数 5727 人，同比增长 0.17%，基本持平。第二产业务工人数 71765，同比增长 1.41%，占外出务工总人数的 56.3%，第三产业 49987 人，同比增长 0.58%。

从以上分析可以看出，近年来，省内及市内对当地农民的吸引力增加。鄂州市农民主要流向出现上述变动的主要原因有：

一是省内市内就业机会的增加。中部地区尤其是湖北省的省内市内经济发展迅速，从鄂州市情况来看，2011 年，全市新开工建设项目 462 个，比上年增长 51%，其中亿元项目 62 个，比上年增长129.6%。竣工投产项目 56 个，其中亿元项目 17 个。2012 年年初，鄂州市又有一大批亿元项目开工建设，开发区、工业园、农产品加工园的建设和新企业投产，可吸纳大批产业工人，这是市内农民工务工人数大幅度增长的主要原因。

二是外出务工工资待遇的提升。企业为解决用工荒的问题，通过提高工人待遇，达到留住人、特别是一些熟练工人的目的。如 2011 年，鄂州市部分企业出现用工荒的问题。到 2011 年年底时从业的普通工人月工资从 1500 元涨到 2200 元，增长 46.6%，技术工人月收入在 3000 元以上。

三是就近就业成本相对较低。从上述分析来看，一方面，中东部地区的从业机会更多、收入相对较高。另一方面，鄂州市农民更多地选择在省内就业，住家附近从业生活成本较低，这是吸引人才的一个重要原因。

四是社会保障体系的完善。中东部地区给农民工的各项保障是吸引农民选择继续外出的主要原因。农民工通过多年打拼，有些已融入当地生活圈。在各级政府关心下，他们的生活环境已逐渐改善。子女能比较顺利地入托、入学、就医，条件好的企业，还为农民工提供月租价格低廉的公租房。大的企业、公司还为农民工购买养老保险和医疗保险，解决了农民工的后顾之忧。

由此可见，近年来，湖北省鄂州市在推进城乡一体化方面进行的诸多探索，在就业、社会保障等政策方面进一步完善，对促进县域范围内的劳动力流动起到了促进作用。实践也证明，较高的工资水平和较好的社会保障，是吸引农民流入当地的关键因素。

（二）鄂州市新型农村社区建设的主要经验

新型农村社区建设是新型城镇化的重要支撑，是推进农村"三化"协调发展的重要体现。鄂州市结合各地实际，探索不同模式的新型农村社区建设，可以节约土地，同时，社区的基础设施和人居环境得到很大的改善。鄂州市新型农村社区建设的实践表明，新型农村社区建设对于农村空心村问题的解决与就近城镇化的推进，都具有非常重要的意义。鄂州市新型农村社区建设的实践取得了明显成效，也给我们提供了诸多经验借鉴。

（1）以新型农村社区建设推进就近城镇化。以新型农村社区推动就近城镇化，是对城镇化道路的一种新探索。鄂州市政府把新型农村社区建设作为推进城乡一体化的切入点，以"统一规划、循序渐进，市场运作、体制创新，城乡联动、双向推进，以人为本"为指导原则，沿着"试点→总结经验→逐步推进"的模式推进新型农村社区建设，以深化户籍管理制度、就业制度、社会保障制度、土地制度及农村行政体制改革为突破口，为推进新型农村社区建设以促进城乡和谐发展提供体制性保障。实践证明，这种按照城镇化的要求建设的新型农村社区，对促进城乡基本公共服务均等化与推进就近城镇化生产了良好效果。

（2）坚持工业化、农业现代化与新型农村社区的协调发展。有产业支撑的新型农村社区建设更利于推进就近城镇化。如鄂州市的楼下社区，因当前的产业支撑，很好地解决了失地农民的就业、住房、社会保障等民生问题，民众收入有保障，老百姓满意度高。因此，利于推进城镇化。而类似横山社区就没有相应的产业支撑，从实践来看，农民主要靠土地生存，更多的人是外出务工获得收入，因此，不宜大范围扩建社区规模。

（3）为最大限度地发挥新型农村社区推进就近城镇化的作用，政策保障是关键。如鄂州市在户籍制度管理与就业制度改革方面，进行了一些有益的摸索，并取得了一些成效。

（三）鄂州市新型农村社区建设的政策启示

从鄂州市新型农村社区建设推进城乡一体化的实践中，可以给推进县域人口城镇化提供一些微观的政策启示：

（1）加强职业技术技能的培训与认定。鄂州市在职业技术技能培训方面为我们提供了可供借鉴的成功经验。要促进农民工就业并能在城市公平参与竞争与就业，就需要加强职业技术技能的培训与认定工作，为农民进城提供前提保障。

（2）建立土地合理流转机制，保障农民权益。在城镇化进程中，我们要注意几方面的问题：耕地的保护、土地的征用补偿与土地流转的规范化管理。

（3）完善社会保障体系，推进城乡基本公共服务均等化。对农民来说，不管是在农村还是在城市生活，最关键的是就业与社会保障。协调推进农村土地制度与农村社会保障制度，对于推进县域人口城镇化的发展是非常重要的。对不同类型的农民应制定相应的保障政策：一是无地农民，应直接纳入到城镇社会保障体系中；二是在城镇打工的流动人口，应保留其耕地承包权，以此作为他们的基本生活保障；三是已脱离土地、失去工作机会又无其他生活来源的"三无"人员，可建立城镇生活救济制度。此外，要尽快实现劳保、社保、医保及养老保险的全国联网。劳动保障全域联网问题还在一定程度上制约着农民工的合理流动。

当然，上述政策的完善需要理论与实践相结合，多方努力，制定出更加完善的政策，以促进县域范围内的人口流动。值得注意的是，在新型农村社区建设过程中，在引导农民集中居住的同时，要充分尊重农民的意愿。

总之，建设新型农村社区的实质是政府遵从城镇化、工业化规律，主导、推动城镇化的过程。因此，新型农村社区建设理应成为新型工业化、新型城镇化与农业现代化"三化"协调发展的结合点和切入点。同时，新型农村社区建设在"应然"和"实然"层面都具有多样性的特点。由于不同地区经济发展水平的差异，以及自然地理条件、资源禀赋和风俗习惯等各不相同，因此，新型农村社区建设也不可能有统一的模式适用于所有地区。

第六章

发展农村职教：县域人口
城镇化的重要途径

职业教育对推进"物的城镇化"向"人的城镇化"转变起关键性作用。改革开放 30 多年来，我国经济社会取得了举世瞩目的成就，农村社会也发生了巨大变化。特别是在推进城镇化的进程中，作为农村主体人群的农民出现了阶层分化，从以前的较为单纯的农业劳动者转化为从事多种职业的群体。在农民阶层分化背景下，农村职教发展的机遇与挑战并存。推进农村职教发展以适应当前农民阶层分化的需要，是当前职业教育改革与发展的重中之重。

进入 21 世纪以来，政府和社会高度关注职业教育，在是否应该大力支持和发展职业教育这一问题上，政界与学界的意见是一致的，我国政府出台了一系列政策文件，以推进农村职教的发展。2004 年，周济部长在教育部工作会议上提出，2005 年中职招生要在 2004 年的基础上增长 100 万人，并且再经过若干年的努力，逐步实现中职与普通高中规模大体相当的协调发展。2005 年，国务院颁布的《关于大力发展职业教育的决定》明文规定，到 2010 年，中等职业教育招生规模达到 800 万人；"十一五"期间，为社会输送 2500 多万名中等职业学校毕业生、1100 多万名高等职业院校毕业生。其后，国家发改委在《中等职业教育基础能力建设规划》明确表示，中央将对职业教育投入专项资金 60 亿元，并重点支持建

设 1000 所左右县级职教中心（或县级职业学校）和 1000 所左右示
范性中等职业学校。2010 年，教育部出台的《国家中长期教育改
革和发展规划纲要（2010～2020 年）》指出："发展职业教育是推
动经济发展、促进就业、改善民生、解决'三农'问题的重要途
径，是缓解劳动力供求结构矛盾的关键环节，必须摆在更加突出的
位置。职业教育要面向人人、面向社会，着力培养学生的职业道
德、职业技能和就业创业能力。"① 这一文件明确了职业教育在新
型城镇化进程中的战略地位。2012 年，农业部出台了《全国农民
教育培训"十二五"发展规划》，旨在加强农民教育培训工作、提
高农民科技文化素质和技能，为发展现代农业和建设社会主义新农
村提供强有力的人才支撑。② 2014 年，为推进新型城镇化，进一步
提高农村转移就业劳动者就业创业能力，根据《国家新型城镇化规
划（2013～2020 年）》和《国务院关于加强职业培训促进就业的意
见》，人力资源社会保障部在全国开展农民工职业技能提升计划——
"春潮行动"。③ 2015 年，全国人大常委会第一次就我国职业教育法
施行 19 年来的情况开展执法检查，旨在促进职业教育法的贯彻实施，
推动我国现代职业教育的发展。2016 年作为"十三五"规划实施的
开局之年，诸多政策将陆续出台并实施，职业教育政策也不例外。
《教育部 2016 年工作要点》中提出："加快推进建设现代职业教育体
系"④，围绕如何加快推进现代职业教育体系即将实施或启动的系列

---

① 教育部：《国家中长期教育改革和发展规划纲要（2010～2020 年）》，http：//
www. moe. edu. cn/publicfiles/business/htmlfiles/moe/moe_838/201008/93704. html.

② 农业部：《全国农民教育培训"十二五"发展规划》，http：//www. moa. gov. cn/
govpublic/KJJYS/201201/t20120105_2451706. htm？keywords =% E5% 8D% 81% E4% BA%
8C% E4% BA% 94.

③ 人力资源社会保障部：《农民工职业技能提升计划——"春潮行动"实施方案》，
http：//www. mohrss. gov. cn/SYrlzyhshbzb/ldbk/rencaiduiwujianshe/jinengrencai/201404/t20140404 _
127833. htm.

④ 教育部：《教育部工作要点》，http：//moe. edu. cn/srcsite/A02/s7049/201602/t20160205_
229509. html.

政策。2016 年 2 月 26 日，国务院总理李克强主持召开国务院常务会议，部署加快发展现代职业教育，会议确定了加快发展现代职业教育的任务措施。

上述这些政策文件的出台，为推进我国农村职教发展提供了很好的政策环境。然而，在现实生活中，农民群体的职教需求具有多样化的特点，不同类型的农民阶层对职教的需求不一样。[①] 因此，了解不同农民群体的需求，开展有针对性的职业教育培训，对新型城镇化具有重要的战略意义。

一、新型城镇化背景下农村职教发展的现实依据

（一）我国农民分化的基本类型及其发展趋势

"农民"一词的内涵在我国与国外不同。国外的"农民"概念更多指一种职业，即从事农业的公民，其"农"的特征更多表现为三个维度：职业（从事农业）、收入（来源于农业）、生活空间（居住在农村）。在中国，因城乡二元体制的存在，以及附加在户籍制度上的诸多民生政策，导致"农民"概念不仅指职业，更多地表现为制度内涵，是一种身份的划分。当然，伴随着城镇化进程的加快，我国农村劳动力开始分流，剩余劳动力开始转向非农产业，农民分化由此产生，与之相对应的是农民的制度身份与职业、收入和空间特征也发生了不同程度的分离。

目前，国内已有诸多学者对农民分化问题展开了大量研究。诸多学者从不同维度对农民分化类型展开了研究（陆学艺、张厚义，1990[②]；

---

① 江易华：《新型城镇化背景下农村职教发展的现实依据及其路径》，载于《职教论坛》，2014 年第 25 期，第 56 ~ 57 页。

② 陆学艺、张厚义：《农民的分化、问题及对策》，载于《农业经济问题》，1990 年第 1 期，第 16 ~ 21 页。

宋镇修，1989①；姜长云，1995②；傅晨、任辉，2014③）。总体来看，已有研究对农民的划分尚未达成一致见解。尽管不同学者对农民分化划分的维度不一样，但是，在我国当前推进城镇化的背景下，从本质上说，我国农民的阶层分化表现为人口从农村向城市、从农业向非农业流动的过程。

结合新型城镇化背景及我国农民的实际情况，我们可从制度特征、职业、收入和空间4个维度，综合分析当前我国农民阶层分化的基本类型及其发展趋势。

1. 以"传统农民"为主体的在地农民群体

这类人群是从事农业生产的农民，从户籍、职业、收入和居住空间来看，具有"四维合一"的"农"的特征。包括：（1）以传统方式从事农业生产的"传统农民"。这类农民兼具老龄化、女性化和受教育程度低的特点，主要在家庭承包土地的基础上进行小规模土地经营，以满足家庭生活需要为其主要目的，属于农村的低收入群体。这一群体是我国在地农民的主体。（2）从事农业生产的"专业户"。这一群体是农村的乡土精英，兼具年富力强、有一定人力资本优势的特点。他们借助土地承包经营权的流转，进行较大规模的农业生产，与传统生产方式相比，有了一定的技术和专用性资产投产，其生产的目的主要是市场导向。目前，尽管这类群体的职业化程度还不算高，但从中也可以看出我国职业农民的雏形。（3）经营专业合作社的农民。这一群体是合作社的经营者和管理者，也是农村乡土精英，具有年富力强的特点。在与农民的产权关系上，专业户与农民是简单的土地流转关系，而农民合作社经营者与农民的关系则相对复杂，需要通过规章制度来规范化。"专业户"与经营专业合作社的农民占在地农民的

---

①　宋镇修：《中国农村社会学》，黑龙江人民出版社，1989年，第5~9页。

②　姜长云：《农村非农化过程中农户（农民）分化的动态考察》，载于《中国农村经济》，1995年第9期，第30~35页。

③　傅晨、任辉：《农业转移人口市民化背景下农村土地制度创新的机理：一个分析框架》，载于《经济学家》，2014年第3期，第74~83页。

比例都不高，但这两类群体属于农村中较为富裕的阶层。从国际经验看，务农农民的职业化发展方向也将是我国在地农民的发展趋势，从现实情况来看，"传统农民"与"职业农民"将在很长时间内并存。

2. 以农民工为主体的非农农民群体

这类群体包括占主体地位的农民工和占少数的个体私营企业主。从户籍身份看，这类人群具有农村户籍和集体经济组织成员的身份。但是，他们在城镇就业和生活，收入来源主要靠非农生产。因此，从制度层面看，这部分人仍然属于农民。（1）农民工。改革开放以来，在城镇化进程中，我国农民工群体数量日益上涨，数量庞大，是非农农民的主体。"六普"数据显示，我国流动人口约2.6亿，占总人口的16.53%。据国家统计局《2012年农民工监测调查报告》① 数据显示，农民工占农村户籍人口的30%。其中，新生代农民工逐渐成为农民工的主体。与老一代农民工相比，新生代农民工在教育程度、专业技能、对城市的熟悉程度等方面更优越，更倾向于融入城市。（2）农村户籍的个体私营企业主。因受多方面因素的制约，农民工难以改变"打工仔"身份，实现"向上"社会流动的概率不高。因此，相对于农民工的庞大数量，成为个体私营业主的非农农民数量是相当少的。市民化将是这类群体的发展趋向，尤其新生代农民工群体将成为"新市民"的主体。在当前国家有序推进农业转移人口市民化的政策背景下，农民工的市民化将加快我国新型城镇化的进程。

3. 兼业农民群体

根据其就业的领域，可将兼业农民大致划分为以农业为主和以非农业为主两种类型。前者更多具有传统农民的特征，在城市与农村之间往返奔波；后者则更多具有"去农"的特征，相比较而言，收入

---

① 国家统计局《2012年农民工监测调查报告》，http：//www. stats. gov. cn/tjsj/zxfb/201305/t20130527_12978. html.

比前者更高。不论是前者还是后者，这类群体都没有真正脱离农村、土地。这一群体的产生可以说是城乡二元体制下，因城市"拉力"不充分和农村"推力"不足，导致农民分化不彻底的结果。但是，随着改革的进一步深化，以及城乡经济社会发展差异的客观存在，这些都将吸引和引导更多的兼业农民转移城镇。

综合来看，我国的国情决定了我国农民分化具有与西方国家不同的特点：我国农民分化具有多元性、农民分化不彻底性、农民分化非均衡性等特点。结合上述分析，我们可以推断：在当前推进新型城镇化的背景下，我国农民的发展趋势将呈现出"传统农民"、"职业农民"、"新市民"（简称"三民"）并存的状况。

（二）我国农村职教发展的现实依据

通过前边分析，我们可以发现，随着城镇化进程的推进，我国农村劳动力开始分流。新型城镇化强调与区域经济发展和产业合理布局协调发展，注重大、中、小城市与小城镇的协调发展，特别是在中西部地区，引导农民就近实现城镇化是最新出台的《国家新型城镇化规划》的一个重要内容。就近城镇化离不开新型农民的培育与乡镇企业的发展，因此，对在地农民和"离土不离乡"的农民两大群体，我们可以通过就近城镇化或就地城镇化的方式实现城镇化，而对于进城务工的农民工来说，则存在一个市民化的问题。

在推进新型城镇化过程中，为了更好地实现从"物的城镇化"向"人的城镇化"转变，职业教育在这一过程中起着关键作用。教育部副部长鲁昕指出，加快城镇化进程，迫切需要职业教育为农村劳动力转移发挥更大作用。2010 年发布的《国家中长期教育改革和发展规划纲要（2010～2010 年)》明确了职业教育的战略地位：发展职业教育是推动经济发展、促进就业、改善民生、解决"三农"问题的重要途径，是缓解劳动力供求结构矛盾的关键环节。① 在现实生活中，这三类群体对职业教育不着不同的需求，发展农村职业教育对新型城镇化具有重要的战略意义。

1. 培育新型农民，需要提高在地农民的农业技术水平

近年来，随着大量农村人口流入城市以及农村城镇化趋势的加剧，越来越多的农民放弃对土地的耕种，在此背景下，国家出台了相应政策允许农民以多种形式流转土地承包经营权，农业规模化经营趋势明显，留守土地的农民中出现了种粮大户、蔬菜种植大户等专业大户。为适应新形势发展变化的需要，建设现代新型农业也就成了"十二五"农业发展的重要战略目标。

现代农业是技术密集型产业，实现农业现代化，离不开高素质的劳动者。但是，我国农民受教育程度的影响，新型农民的培育在很大程度上依赖于农村职业教育的发展状况。然而，从我国当前农村职业教育的现状来看，一方面，现有培训项目中少有针对新型农民、家庭农场主之类的培训项目，传统的培训项目又无法满足留守土地农民的发展需求；另一方面，培训内容的实用性不强影响农民参与的积极性。2014 年中央农村工作会议中指出，"要提高农民素质，培养造就新型农民队伍，把培养青年农民纳入国家实用人才培养计划，确保农业后继有人。"② 因此，对留守土地的农民开展有针对性的农业科技教育与培训，已成为建设高效生态新型农业的必由之路。

2. 发展乡镇企业，需要对"离土不离乡"的农民开展特色专业技术培训

农村城镇化或就近城镇化是新型城镇化的推进模式之一。从发展实践来看，乡镇企业已成为解决"三农"问题的主要载体，乡镇企

---

① 《国家中长期教育改革和发展规划纲要（2010～2020 年）》，http：//www. moe. edu. cn/publicfiles/business/htmlfiles/moe/moe_177/201008/93785. html/2014－05－10.

② 《把培养青年农民纳入国家实用人才培养计划》，http：//www. farmer. com. cn/xw-pd/rdjj1/201312/t20131225_927005. htm.

业的发展既能带动当地经济发展，也能为当地农民提供更多的就业岗位，在一定程度上利于缩小城乡差距、推动就近城镇化。2011 年，农业部出台《全国乡镇企业发展"十二五"规划》，进一步明确了未来五年乡镇企业的发展目标。

从发展规模看，乡镇企业与大企业相比，在资金、设置、技术、人员素质方面差距较大。目前的乡镇企业中，其职工大都由农民转换而来，这部分人的文化程度大多只是初中或高中的文化水平。一方面，文化程度不高，影响他们对新事物的接受能力；另一方面，受小农思想的影响，在工作中表现出积极性和主动性不够。人才是企业发展的原动力，企业缺乏有效的人才、知识、技术支持，会影响企业的长久发展。此外，我国乡镇企业家有相当一部分缺乏系统的管理知识，其自身素质也需要提升。特别是当前各地都在想方设法挖掘地方特色，以特色产业园、新兴工业园、开发区等形式形成的特色产业链，导致技术型人才供不应求。因此，对那些想在当地就业或创业的农民群体而言，需要专门的特色产业技术培训。

3. 维护稳定的社会环境，需要对农民工开展非农职业技能培训

城镇化的快速发展带动了大规模的人口迁移。一方面，大量农村剩余劳动力转向第二、第三产业；另一方面，大量农村人口流向城镇，形成大规模的流动人口。根据国家统计局发布 2012 年全国农民工监测调查报告（见表 6 - 1），2012 年全国农民工总量超过 2.6 亿人，比上年增长 3.9%。其中，同上年相比，外出农民工增长 3.0%；住户中外出农民工增长 3.0%；举家外出农民工增长 2.9%；本地农民工增长 5.4%。

农民是推动我国经济社会发展的根本力量，农民工市民化是新型城镇化的关键。大规模的农民流入城市，在缓解用工难的同时，也带来了一些负面影响，如因外来人口无规则的流动既可能增加城市的负担，也给城市社会治安造成一定影响。为消除人口流动带来的消极影

响，给新型城镇化提供稳定的社会环境，可以通过提升农村剩余劳动力的就业能力来实现其合理流动。

表6-1　　　　　　　　　　农民工人数　　　　　　　单位：万人

分类	2008 年	2009 年	2010 年	2012 年
农民工总量	22542	22978	24223	26261
1. 外出农民工	14041	14533	15335	16336
（1）住户中外出农民工	11182	11567	12264	12961
（2）举家外出农民工	2859	2966	3071	3375
2. 本地农民工	8501	8445	8888	9925

资料来源：《国家统计局发布 2012 年全国农民工监测调查报告》，http：//www. gov. cn/gzdt/2013 –05/27/content_2411923. htm/2014 –03 –08.

农民进城就业既需要工业化的带动，也需要职业教育的支撑。作为新型城镇化的主体，农民工及其子女受教育程度普遍较低。据国家统计局数据显示，2012 年我国农民工总量超过 2.6 亿人，农民工平均年龄为 37.3 岁，以初中文化程度为主，没有参加过任何技能培训的农民工占多数。这样的务工人员只能选择 "候鸟式" 的就业，融入城市并不容易。[①] 我国要实现 2020 年城镇化率达到真正意义上的 50% 以上，关键在于解决好农民工市民化问题。影响农民工合理流动和市民化的因素是多方面的，但其中一个最重要的因素就是就业。就业问题能否得到很好的解决，取决于农民工接受职业教育培训的状况。根据人力资本理论，人力资源是一切资源中最主要的资源。在我国坚持教育优先发展战略的导向下，近些年实现了人力资本的快速积累。研究表明，职业教育对我国劳动人口平均受教

---

① 《新型城镇化建设需要职业教育支撑》，http：//finance. sina. com. cn/roll/ 20140526/ 103019225201. shtml.

育年限增长贡献率为 21%。① 经过职业教育和技术培训后的农民工，随着其劳动技能和专业技术水平的提高，其就业能力也会随之提高，有利于实现农村剩余劳动力的合理流动，为新型城镇化的推进提供稳定的环境。

（三）农村职教对新型城镇化发展的推动作用

随着我国社会主义市场经济的建立和完善，社会对应用技术型人才的需求越来越迫切，职业教育作为衔接人才和市场的纽带具有不可替代的作用。在推进新型城镇化过程中，为了更好地实现从物的城镇化向人的城镇化转变，实现以人为本发展农村职业教育依旧处于战略发展地位。主要体现如下：

1. 为新型城镇化的推进提供稳定的社会环境

发展农村职业教育能够使为新型城镇化的推进提供稳定的社会环境。职业教育与社会稳定之间存在着一中动态关系。据《全国土地利用总体规划纲要（2006～2020）》指出我国正处于城镇化、工业化快速发展阶段，到 2010 年和 2020 年，城镇化率将分别达到 48% 和 58%。甚至更有学者指出 2030 年中国城镇化率将达到 70%，约 20 年内将有 3 亿多农村人口进城。大量的人口流动虽然可以有效的缓解用工难的现象，但是外来人口无规则的流动一方面增加了城市的负担，另一方面也对城市社会治安造成了一定的影响。通过农村职业教育，开展不同规格、不同层次、形式多样的教育和培训，能够更加多方面的满足农村劳动力对职业教育的需求，可以提高农民的就业、择业和创业的条件，从而使农村劳动力能够合理有序的流入城市，为新型城镇化的推进提供稳定的环境。

2. 为新型城镇化建设提供人才和技术的支撑

职业教育是为新型城镇化建设提供人才和技术的支撑。过去的城

---

① 鲁昕：《职业教育的强国战略》，高等教育出版社，2011 年，第 260 页。

镇化主要是物的城镇化，盲目的以追求城市规模和人口规模的扩大，不惜以牺牲资源和环境为代价实现外延的扩张和数量上的增长，更有甚者将城镇化异化为"房地产化"。例如北京回龙观就是城镇化失败的典型案例。因而，在党的十八大报告中指出要建设和发展以人为本的城镇化，只有紧紧围绕以人为本的理念，城镇化建设才不会偏离正确航道，才能实现全面协调可持续的目标和宗旨。农村职业教育是城镇化建设中经济基础、生产活动和生产力的发展关系最为密切的教育形式，根据新型城镇化的发展需要，提高农民的素质，培养应用型人才，是农村人口能够以更加合理的和有序的流动，为新型城镇化发展注入充足的能源。然而，职业教育的根本目的是通过培养人的社会活动使其能够为社会提供更好的服务，从而成为一名合格的公民。只有将农民纳入国家人才培养计划，确保农业后继有人，才能更加积极稳妥地推进新型城镇化建设。在英国经济学家巴洛夫认为，"发展中国家的职业教育与经济发展是相辅相成、相互促进的，教育与人力资本、科技、经济增长之间呈正相关的辩证关系"。

二、我国农村职教的实证分析

在推进新型城镇化的进程中，职业教育在培育"三民"中起着重要作用。为了进一步深入了解湖北省农民职业教育的现状，本课题组深入湖北省宜城市、武汉市的 10 个社区，对农民的职业教育状况开展了问卷调查，共发放问卷 520 份，全部收回，有效问卷 517 份，有效率 97.73%。问卷内容涉及调查对象的个人情况、教育程度、职业教育及其意愿、就业等多个方面。受调查对象的基本情况如表 6-2 所示。

我们根据调查数据，利用 SPSS 统计软件，对农民职业教育的现状进行了统计描述与分析。

表 6 - 2　　　　　　　　　受调查对象基本情况　　　　　　　单位：%

性别	男性	56.2	职业技能培训信息	关注	34.6
年龄	20 岁以下	0.6	职业培训	接受过	28.2
	20～29 岁	21.4	受教育程度	未上学	6.7
	30～39 岁	17.6		小学	17
	40～49 岁	26.8		初中	43.1
	50～59 岁	22		高中	14.3
	60～69 岁	9.1		中专	8.1
	70 岁及以上	2.5		大学专科	4.2
户籍	农业户口	76.4		大学本科	6.4
	非农业户口	21.5		研究生	0.2
	居民户口	2.1			

（一）农民接受高等教育比例低，专业技术匮乏

联合国教科文组织的研究资料表明，劳动者文化素质与其劳动生产率具有一定的相关性，以文盲的劳动生产率为基准，小学毕业可以提高劳动生产率43%，中学毕业可以提高108%，大学毕业可以提高300%。[1] 我们的调查数据显示，受访对象中，17%的受访对象只有小学文化程度，43.7%的受访对象具有初中文化程度，14.3%的人具有高中文化程度，8.7%的人具有中专文化程度，具有大学专科及以上文化程度的人仅占10.8%，还有6.8%的人未接受过任何教育。从表6-2中数据可以发现，当前农民群体中大多数人只有中小学文化程度，占总人数的66.8%。可见，农民群体总体受教育年限普遍偏低，整体素质有待提高。劳动者的文化素质与其专业科技知识密切相关，因此，从目前调查现状来看，农民群体受教育年限低在一定程度上制约了其科技知识的获取，而专业技术的缺乏是阻碍农民阶层流动

---

① 李正风、刘小玲、王凌晶：《关于提高我国全民科学素质的战略思考》，载于《中国软科学》，2005 年第 4 期，第 52～57 页。

的重要因素之一。

（二）农民职业教育总体需求势头强劲，青年人更愿意接受职业技能培训

被调查者中，绝大多数人（占65.4%）关注过职业技能培训的相关信息，并且有83.8%的人认为参加职业技能培训对就业是有帮助的。在问及"除学历教育外，您还参加过党校学习、职业培训、语言培训、岗位培训、资格证书考试培训（包括职业教育技能、职业资格、执业资格、专业技术资格等）等任何形式的培训学习或培训吗？"这一问题时，有28.2%的人参加过培训。在意愿调查中，大多数人（占56.1%）愿意参加免费或低费用的职业技能培训。由此可见，农民群体职业教育需求愿望是比较强的。

表6-3的数据表明，相比较而言，年轻人更愿意参加职业技能培训。50岁以下的人有超过一半的人数愿意接受免费的职业技能培训，其中40岁以下的人有超过3/4的人愿意参加免费的职业技能培训，50岁以上的群体愿意参加这种免费培训的人数明显降低。在是否愿意自费参加职业技能培训的调查中，调查数据显示：40岁以下的人有超过2/3的人愿意自费参加职业技能培训，其中，30岁以下的人有77.4%的人愿意自费参加培训，而20岁以下的人全部愿意自费参加培训。这两组数据均证实：40岁以下的人对职业技能培训有着强烈的需求意愿，更愿意参加免费或自费的职业技能培训，这一部分群体也将是未来职业技能培训的主体对象。

表6-3　　　　　不同年龄段的人愿意接受免费培训的比例　　　　　单位：%

分类	20岁以下	20~29岁	30~39岁	40~49岁	50~59岁	60~69岁	70岁及以上
不愿意参加	0	24.3	23.1	40.6	61.4	75.1	100
愿意参加	100	75.7	76.9	59.4	38.6	14.9	0
合计（n）	3	111	91	138	114	47	13

（三）农民职业教育需求呈现多样化的特点

随着农村劳动力从第一产业向第二、第三产业的转移，农民群体对工业、商贸业、餐饮及服务业、建筑业等职业的教育培训需求相对较高。从"愿意接受哪些行业培训"的调查数据看，选择"生产加工业"的人最多，占24.1%，其次是"餐饮、酒店娱乐服务业"（占16.2%），有13.4%的人选择"商贸业"，12.8%的人选择"家政、社区服务业"，11.4%的人选择"建筑业"。可见，农民群体对所从事行业及其培训需求呈现出多样化的特点。

从培训内容来看，绝大多数人选择愿意接受"工作（岗位）技能"的培训，达85.9%；愿意接受"安全知识"培训的人仅占3.1%；愿意接受"企业管理制度和法律法规"培训的占9.7%。从就业培训方式看，绝大多数人倾向于"单位安排师傅指导学习"、"单位组织的业余时间培训"、"专项职业技能培训"三种方式，各占20%、39%、24.8%。其中，有7.6%的人认为"单位组织的脱产培训"方式比较理想，7.2%的人认为"职业学校培训"的方式比较理想。在所有选项中，选"电视和网络学习"作为理想培训方式的人最少，仅占0.3%。从就业培训周期的侧向来看，绝大多数人倾向于在三个月以内，占90.3%。其中，倾向于"两周到一个月之内"这一选项的人最多，占总调查人数的41.4%。也有极少数人倾向于"半年及以上"，不到10%。由此可见，随着经济社会的发展，农民群体对职业教育的需求也呈现出多样化的发展趋势。

三、我国农村职教发展的困境分析

新型城镇化的推进，是农民职业教育发展的一大契机，然而，目前我国农民职业教育发展始终未能匹配城镇化发展的步伐，究其主要难点在于农民职业教育是国家、地方、职业院校、农民四位主体共同参与的综合性教育。我国农民职业教育公共理性的缺失以及参与主体的信息不对称，形成国家倡导以公平为核心的价值观、地方政府为维护上级政府的权威而形成的以效率为核心的科学发展观、职业院校以利益为核心的办学模式以及农民为解决生计问题形成的高成本、低效率的农民职业发展之路。

（一）国家——忽视了因社会分层导致的教育的不公平

自 2012 年以来，中央一号文件，一直都将农民职业教育列为解决"三农"问题的关键战略。党的十八届五中全会明确提出了培养新型职业农民的战略要求。按照党中央、国务院的决策部署，近年来农业部会同财政部等部门，加强顶层制度框架设计，组织实施新型职业农民培育工程和现代青年农场主培养计划，全国农民职业教育正在发生可喜可贺的变化。发展农民职业教育有利于促进社会的公平，农民职业教育面向的是人人的教育，它使更多人有接受教育的可能。农民职业教育培养的人才，主要在基层第一线工作，他们是社会基石。大力发展农民职业教育有利于提高他们的经济收入，提高农民参与社会生活的能力，能够促进社会公平正义的实现。我国现在正处于改革和发展的关键时期，社会需要有素质的劳动者和技能型人才，发展农民职业教育有利于促进农村富余劳动力的转移。据有关数据显示，在未来 10 年，我国农村将有 1.5 亿劳动力转移，每年将有 1000 多万以上的人口转移。农民职业教育有利于拓宽农民就业渠道，维护社会的稳定。

然而，在农民职业教育方面，国务院、教育部、财政部作为国家权利的主要执行部门，因此，国家的各项政策和行为必然为各部门目标和利益服务的。另外，所有相关部门的各项具体行动，各方矛盾与需求最终目的都是为了实现农民职业教育的公平与社会的和谐发展。在一个自由选择的体制中，社会各类人群在不断追求自身利益最大化的过程中，可以使整个社会的经济资源得到最合理的配置，这是理想状态下的"帕累托最优"。为了达到帕累托最优，国家在统筹整个教育资源时，只有在不触动或较少触动既有的利益格局，或者通过既有的利益格局的一部分去填补另一部分的损失，以实现统筹全局下的公平和整个系统的和谐。

即使农民职业教育自上而下的强调公平也难以一帆风顺。现阶段我国社会的城乡家庭收入差异、文化水平的差异、职业地位的差异使得我国社会各阶层所占的经济资源、政治资源、文化资源和社会资源明显的不同。表现在教育上，各阶层的子女在接受教育过程中享受的资源和机遇都是不同的。如父母社会地位较高、家境殷实的家庭能为子女提供的较好的教育资源。反之，家庭条件差，社会地位较低的父母只能为子女提供较为有限的教育资源。因社会阶层的分化，教育资源就存在严重的失衡。据2011年中国统计年鉴，我国农民劳动力初中以下的文化程度达到70%，大多数农村家长受教育时间较短，文化程度较低，从而影响着父母对下一代的教育投入。当前社会分化的加剧，贫富差距进一步加大，不同社会资源的孩子享有的社会资源也不用。即使是智力相当的孩子由于所受社会阶层不同，接受的教育也不同。在国家为实现教育资源整体公平的情景下，社会阶层的差异化复杂化使得农民职业教育在公平的环境中，遭受着严重的不公平待遇。

（二）地方政府——以效率为目标弱化质量监管

随着知识经济的到来，教育与地方经济的联系越来越紧密。一方面，地方经济的发展为教育提供更为广阔的空间，为教育的发展提供经济基础与物质的保障；另一方面，教育对人才的培养、知识的传播、技术的转化促进了地方经济的发展。据国家统计局2015年1月20日发布数据显示，2014年我国国内生产总值达到636463亿元，按可比价格计算比上年增长7.4%。首次突破10万亿美元，是继美国之后第二个跻身超10万亿美元经济体俱乐部。但同时我们必须认识到，地方经济增长过程中因产业结构不合理而导致的一些问题。目前，在产业结构方面，传统产业仍占主导地位，高技术产业比重低，服务业发展滞后等问题。农民素质的高低直接影响着我国地方经济的发展，对农民进行职业教育来提升我国农民的结构层次，为我国产业结构升级提供所需人才，促进新型城镇化的更进一步发展。

地方政府作为我国权利的执行机关，一方面需要认真执行上级的各项政策、法规，维护上级权威，对上级负责，出色完成上级分配的各项任务。另一方面中国的权利结构表现为经典的等级制度，地方政府为了能够获取上级更多的"权威"以出色完成上一级政府分配的任务，追求更好发展平台。在这种思想的驱动下，地方政府在发展农民职业教育过程中会将效率放在第一位置。一方面只有高效率完成上级政府的指标，才能获得上级更大的认可。另一方面相比较国家层面的统筹区域，地方政府只用负责好本辖区内的相关工作，高效更能显现出地方政府的治理才能。正是在这种目标驱使下，地方政府不惜将农民职业教育这个"大蛋糕"做大做华丽，通过大量渲染"大蛋糕"的美好来弥补在可预见范围内的不合理和长期发展的可行性，最终导致相关的职业技术学校如雨后春笋般涌现，但大多好景不长。这是一种竭泽而渔，不可持续的发展方式。究其主要原因在于中国现行的模式问题，在下级对上级负责，国家将农民职业教育的包袱委托给地方政府，国家追求的是农民职业教育的全局公平和整体的和谐，至于地方政府如何将这一指标实施并不关心。地方政府被动地接受这一委托，为了更好地完成上级布置的任务，他们会通过效率来创造农民职业教育兴盛繁荣的景象，以此来博取上一级政府的青睐，一旦政绩不那么优秀，他们又会抱着不出错的形态，来维护已有的权利。而一旦出现问题，推诿于下级是一种选择。

（三）职业院校——以利益为核心缺乏发展后劲

进入 21 世纪以后，国家对农业投入也在持续不断的增加，呈现出一些新的关系特别在农产品的增长方式上，农业发展从传统的粗放型转向资本技术面密集性转变。农民从过去的依旧产量来提高收入转变为以质量来获取更高的利润。随着农业的继续发展，我国的农业科技支撑状况和新阶段的要求之间还存在着差距。对我国农民职业院校也提出了更高的挑战。职业院校在专业设置上，不仅考虑当前农民职业教育、农村劳动力转移的问题，更要考虑到随着社会经济、文化的发展，农民职业教育为新增的职业岗位设置新的专业，进而培训更多优秀的人才。在课程内容选定上，以市场为主导，根据社会的需求适时调整课程，紧跟时代的步伐。在教学组织形式上，抓住"互联网＋"时代的重大机遇，使更多的前沿知识能够进入到课堂，丰富和扩展课程教学。

国家大力提倡发展农民职业教育，各地区农民职业院校是发展农民职业教育的直接受益者。随着职业教育的变革，职业院校中民营职业院校已经成为我国职业教育的主力军。民营职业院校最核心的目的是为了盈利。在我国，国家将发展农民职业教育的布局、农民职业教育的师资、统筹农民职业教育的经费等相关问题委托给地方政府，地方政府为了完成上级指示，通常将这些压力会层层加码到职业院校，从而确保指标的顺利完成，职业院校作为被统筹的群体，为了能够获得更多的政府补助以及相关的政策优惠，必须无条件地服从各级政府的政策安排。因此，一方面职业院校努力完成上级指标，另一方面确保自己的利益最大化。从而对职业教育的办学质量、培训模式、培训内容以及相关的配套设施投入不足。致使我国农民职业教育一直以来虽得到政府的大力扶持但始终成效不加不能和普通教育相提并论。

（四）农民——主动与被动的矛盾统一体

随着电子政务的成熟与发展，各地政府都加强了政府网络建设，并将公众参与作为电子政务的重要绩效指标。大大提高了群众参与政府政策法规的制定和实施的积极性。同时，政府门户网是政府发布信息服务社会的主要渠道，也是全面宣传政府形象的窗口，通过电子平台，使得政府更加的公开透明，使公众参与到政府的工作中来并进行有效的监督。例如，长春市就为推广农民职业教育的，提高其影响力，专门建立了"长春市农民职业教育中心网"，农民可以在网站上了解到相关方面的培训计划、工作动态，以及最新的农民技能培训课程。同时针对不同全体，为了配合偏远地区的农民，还专门开设了远程教学等模块。针对培训内容还设置了专门的技能鉴定等。农民作为职业教育的主体，是农民职业教育的最大的利益群体也是实现农民职业教育长效发展的难点。

农民作为职业教育的主体，在培训中的参与程度直接影响到农民职业教育的培训效果。倡导广大农民积极参与农民职业教育，其根本目的在于提高农民的就业率、提高农民的劳动生产率，以及进而提高农民的收入水平。根据 2014 年统计局发布的全国农民工监测调查报告显示我国农民工的总量还在持续更加，相比去年而言农民工的高中以上的文化程度比例在逐年递增，然而，农民种初中以下的文化程度占据 77.2%。我国农民职业教育的目标群体还是面临着文化程度较低。因而导致我国大部分农民一方面，迫切地希望更够通过继续教育提升自身的文化程度，提高在人力市场上的核心竞争力；另一方面，由于自生文化程度较低，对新知识、新技能的吸收有限。而我国的职业教育的目标群体的文化程度参差不齐，使得大部分农民在接受培训时，对讲师所教授的课程也只能是一知半解。从而形成了一种被动学习与吸收的培训模式，进而严重影响农民职业教育培训的效用。

四、新型城镇化背景下推进农村职教发展的政策建议

根据前述分析，我们可以发现，随着城镇化的快速发展，农村劳动力呈现三种分流趋势，这三类人群因工作、生活领域的不同，导致

其对职业教育的需求也各不相同。新型工业化、农业现代化及新型城镇化都需要高素质的技能型人才，一方面，劳动技能的提升和应用型人才的培养，要求大力发展职业教育，尤其是农村职业教育；另一方面，职业教育在我国作为一种专门的教育类型，其体系还有诸多需要完善的地方，农村职业教育更是如此，如经费投入不足、城乡差距等问题。因此，需要从多方采取措施推动农村职业教育的改革与发展，为产业发展提供一线高技能应用型人才，为城镇化质量提升提供保障。

（一）满足不同农民阶层的发展需求，科学定位农村职教培养目标

在当前农民阶层分化的背景下，农村职教承担着培育"三民"（"传统农民"、"职业农民"、"新市民"）的重任，目标是培养技术技能型人才。因此，当前，农村职教应以提升职业能力为核心，以培养"农民—工人"、促进农村劳动力转移服务为主。[①] 借助农村职教，提升农村劳动力的职业能力，培养具有创业精神和能力的"新型农民"，推动进农民工向市民转变。这样，农村职教在推动社会流动的过程中，也将进一步推进工业化和城镇化的进程。

（二）有针对性地培育"三民"，进一步发挥职教在新型城镇化建设中的功能

为进一步发挥农村职教在促进"三民"培育与发展中的作用，我们可从以下几个方面入手：（1）借助农村职教育改变生活在城乡的"三民"观念与行为，以适应城乡文明发展的需要。尤其是让已进城的"新市民"实现真正的市民化，提升城镇化质量。（2）借助农村职教，培养和提升"职业农民"经营现代农业的能力。（3）针

---

① 马建富：《新型城镇化进程中的农村职业教育发展》，载于《教育发展研究》，2013 年第 11 期，第 33~35 页。

对留守在农村的传统农民的实际需求，开展有针对性地教育培训。留守在农村的传统农民是我国在地农民群体的主体，其教育需求具有多样性的特点，不同年龄层面的人对知识的需求也不太一样。因此，要针对不同群体的实际需求，开展实用性强的培训，以提升其就业能力与生活品质。

（三）建立农村人力资本投资制度，为开发农民人力资源提供政策保障

在推进新型城镇化的进程中，要求培养职业农民和创业农民、提升留守农村的传统农民的素质、促进农民工市民化，这些都需要离不开人力资本制度的建立与创新，进而对农民人力资源进行开发。这一制度体系的确立，可以根据新型城镇化与新农村建设的需求，从政府、企业和个人三维角度建立人力资本投资制度，这一制度对这三类主体应具有激励和制约作用。

在制度保障的前提条件下，我们可从宏观和微观两个层面入手，提升农民人力资本积累能力。从宏观层面，建设具有包容性的城乡职业教育统筹发展服务体系，建立有利于满足农民需求的职教培训体系。从前述实证分析，我们了解到当前农民职教需求具体多样化的特点，因此，从职教发展来看，具有包容性发展的培训体系应该具有以下特点：一是广覆盖性，这就要求这一培训体系应该为农村弱势群体发展搭建平台，使其能享受这种教育服务。二是针对性，即满足不同农民阶层职业发展、生活享受对职业教育与培训的需求。三是便捷性，即根据农村实际与农民的需求特点，构建利于农民根据各自需求方便参加学习与培训的场所。从微观层面，搭建农民人力资源开发平台。借助这一平台，帮助"传统农民"提升跳出"贫困陷阱"的能力，帮助现代职业农民增加经营现代农业的能力，帮助农民工提升就业能力。

此外，建立农村职教培训基金，进一步激发农民人力资本投资的

积极性。培训基金的建立，也应该是政府、企业和个人三方参与，但应该以政府和企业投入为主，个人适度分担，鼓励社会资金参与。使这种公益性的职教培训基金既能普惠广大农民，也能让农村的弱势群体受益，进而为在地农民增强人力资本创造条件。

（四）统筹城乡职业教育，建设具有包容性的现代职业教育发展服务体系

统筹城乡发展，是新型城镇化的根本特征。在职业教育发展过程中，要突破城乡界限，统筹考虑。从我国当前的实际情况来看，职业教育资源大都聚集在城市，如高职院校大多位于城市，且这些学校都有先进的教学实训基地。与城市相比，农村地区在应用型人才培养条件与培养水平方面都有很大差距。然而，农村又聚集着大量的劳动力，并且有大批农业剩余劳动力需要转移，随着农业现代化与城镇化的推进，这部分群体因受教育程度的影响，能力与个人素质都需要提高。因此，为改变这种现状，首当其冲是要统筹城乡职业教育，建设具有包容性的城乡职业教育统筹发展服务体系。城乡职业教育一体化建设的目标，在于通过城乡统筹实现职业教育资源的合理配置和师资、教育信息资源的共享。推进职业教育资源的城乡一体化，需要从硬件和软件两个层面共同推进。

第一，加大农村职业教育基础设施建设力度。从硬件资源配备来看，农村普遍落后于城市，为缩小职业教育方面的城乡二元差距，一方面，政府应出台政策对职业教育的办学规模、条件、师资等软硬件方面有明确统一的规定；另一方面，政府作为投资主体在城市与农村建立相应的职业教育学校和培训基地。当然，这些学校及培训基地应具备齐全的教学设施和高素质的师资，只有这样，才能培养出适应经济社会发展需要的高素质劳动者。从硬件建设来看，政府应加大对农村职业教育基础设施的投入力度。

第二，构建城乡职业教育资源共享信息平台，加大"双师型"

师资队伍建设。从软性资源共享来看，一方面，需要由政府牵头，构建城乡职业教育资源共享的信息平台，提高农村职业教育人才培养质量。另一方面，高素质应用型人才的培养，离不开高素质的师资队伍。在国际职教领域，一些发达国家最关注的就是教师的综合素质，如德国、日本、美国等。近年来，我国不断加强"双师型"教师队伍建设。2004 年，教育部办公厅出台的《高职高专院校人才培养工作水平评估方案（试行）》中，对"双师型"老师结构比例有非常明确的规定。2007 年，教育部、财政部启动实施了中等职业学校教师素质提高计划。《国家中长期教育改革和发展规划纲要（2010～2020年)》明确提出"加强'双师型'教师队伍和实训基地建设，提升职业教育基础能力"的总要求。2011 年，教育部、财政部启动实施职业院校教师素质提高计划，投入资金超过 26 亿元。这些政策的制定与执行，在一定程度上推动了我国职业教育师资队伍的建设，但是，从目前情况来看，农村职业教育的师资队伍建设已成为人才培养的"瓶颈"，尤其是"双师型"师资队伍还存在诸多需要完善的地方，如师资数量不够、结构不合理、师资培训不足等。为此，需要从多方面着手，如进一步完善教师培训制度，通过挂职锻炼、校企合作等形式提升专业教师的实践能力等途径，构建一支专兼结合的高素质"双师型"师资队伍。

（五）建立以公共财政为主的多元经费保障机制

职业教育的功能定位，决定了其成本通常高于普通教育。研究表明，职业教育培养成本是同级普通教育的 2.6 倍，主要用于实训基地建设和学生技能训练。[①] 但是，从我国近几年的实际情况看，用于职业教育的培养成本实际未能体现其与普通教育的差距，而是大体相当。造成职业教育经费投入不足的原因是多方面的。当前，我国现有

---

① 张亚、邱雪梅：《农村职业技术教育经费投入探讨》，载《经济师》，2010 年第 1 期，第 51 页。

的管理体制——"分级管理，地方为主，政府统筹，社会参与"，决定了我国农村职业教育经费的投入主要靠县（乡）财政。基层政府的财力有限，导致因资金投入不足，农村职业教育存在教学资源短缺、办学条件差、教学设施与实验设备不全等现象，严重影响农村劳动力技能的提升。因此，要提升农村劳动力的素质，就需要加大对农村职业教育的财政政策支持和资源供给，构建起政府、企业、社会、个人共同投入的经费投入机制。

第一，政府发挥主导作用。如中央政府可通过加大转移支付和政策倾斜来支持农村职业技术教育的发展，地方各级政府则可借助多渠道筹措经费来支持农村职业教育的发展。需要指出的是，政府在执行政策的过程中，按国家规定的教育经费比例投入到位，这是确保农村职业教育经费充足的一个重要方面。

第二，建立政府与行业、企业和社会的共担机制。一方面，政府可借助政策调控手段，激励和引导企业直接投资。这一点可借鉴国际经验，如德国西门子公司等投资建立培训中心，从设施和教师工资及学徒培训补贴等方面进行投入；当然，也可以在政府或行业统筹管理的前提下，建立区域基金、行业基金等来融资。另一方面，建立企业成本补偿机制，确保企业按照相关政策足额提取职工教育培训经费，其中，政府要做好监督工作，对不按规定用足职工教育经费和未开展职工培训的企业，依法督促企业投入相应的教育培训经费。

第七章

促进农村流动人口阶层合理
分化：县域人口城镇化的着力点

我国农村流动人口是一个阶层数量庞大并且其内部已经出现分层现象的群体。通过实证数据和理论分析发现：职业、收入方式及权利的变化影响着城镇化过程中流动人口阶层化的发展，这种分化主要通过其人际交往圈子、消费模式、价值取向的差异表现出来。与此同时，这类群体的阶层化存在着阻碍城镇化健康发展的现实困境，为此，本章将从宏观和微观两个层面对现有问题进行剖析，进一步分析影响农村流动人口阶层化发展的制度性因素（例如户籍壁垒、土地流转制度、劳动力市场制度、社会保障制度等）及微观角度的非制度性因素（个体因素和家庭背景等）。在前述分析的基础上，提出促进流动人口阶层合理分化的政策建议，进而推进县域城镇化健康发展。

一、农村流动人口阶层化与城镇化发展的相关性分析

当前，农村流动人口阶层化与我国城镇化的发展有着不可分割的关联性。1978 年改革开放后，随着市场经济的发展和经济体制的改革，流动人口逐渐成为城镇化发展的重要力量。

据全国第六次人口普查数据显示，我国非城镇人口总量高达

6.74 亿人，非城镇人口中包含了农村常住人口和流动人口。表 7 - 1 数据显示了 1990 ~ 2010 年这 20 年间我国城镇化进程中，由于人口流动带来的乡村人口和城镇人口的变化情况。改革开放后，社会主义市场经济体制的确立加快了我国城镇化的发展进程。2010 年，城镇人口达 6.66 亿人，占总人口的比重高达 49.48%。流动人口对我国流入地和流出地的城镇化发展都起到了推动作用，但也存在着一些现实问题。

表 7 - 1　　　　　人口普查数据中我国农村流动人口变化情况　单位：亿人，%

三次普查详细数据	第四次人口普查	第五次人口普查	第六次人口普查
城镇人口数量	29651	45594	66558
占总人口比例	26.23	36.09	49.48

资料来源：国家统计年鉴。

（一）流动人口阶层化对城镇化发展的正面影响

在城镇化发展的过程中，农村流动人口地理位置的转移、职业选择的变化带来了其内部的阶层分化。农村流动人口阶层化的发展为城镇社会经济的发展、现代化程度的提高发挥了重要的作用。虽然农村流动人口在城市的工作分布结构不合理、层次较低、保障欠缺，但是其打工收益要远远大于在农村的务农收益。农村流动人口阶层化对城镇化发展的积极影响主要表现在以下几个方面：第一，流动人口阶层化促进城镇化经济发展。据调查数据显示，在流动人口的阶层中，中下阶层的流动人口把近一半的收入寄回老家，这样不仅提高了农民的收入水平，而且加速了农村流动人口从"无根生存"到"有根生存"城镇化发展。第二，农村流动人口阶层化发展能够极大提高了农村城镇化水平。据统计，2000 ~ 2010 年，10 年间农村向城镇转移人口达 2.21 亿人。如表 7 - 2 显示了 2000 ~ 2013 年我国流动绝对数量的变化。我国现有农村劳动力约 4.8 亿人，其中 2.25 亿农村剩余劳动力向非农产业和城镇各个行业就业。如果城镇化率以每年提高1个百分点的速度计算，这就相当于我国城镇化率加速15年。所以，把农村流动人口转化为固定的城镇人口是我国城镇化水平的一个重要途径，大规模的农村人口流动加快了我国城镇化的步伐。第三，农村流动人口弥补了城镇劳动力供给不足，有效抑制我国劳动力成本的上升，大规模的人口流动为我国城镇劳动力市场提供了发展动力，优化我国人口布局和城镇化要素配置。第四，农村流动人口进城是发展城市第三产业，提高城镇化质量的客观要求。农村流动劳动力与城市劳动力的就业领域有较强的互补性，农村流动劳动力主要从事建筑、餐饮、环卫、装卸等行业，为改善城市居民的生活和工作环境做出了重大贡献。因此，农村流动人口对城市的建设和发展起着不容忽视的作用是不可缺少的。

表 7 - 2　　　　我国农村流动人口数量变化（2000～2013 年）　　单位：亿人

年份	2000	2005	2010	2011	2012	2013
人户分离人口	1.44		2.61	2.71	2.79	2.89
流动人口	1.21	1.47	2.21	2.3	2.36	2.45

资料来源：国家统计年鉴。

（二）流动人口阶层化对城镇化发展的负面影响

中国农村人口流动是在二元经济体制的背景下产生的。20 世纪80 年代初，我国正处于计划经济体制向市场经济体制过度、传统农业生产向现代化农业生产转变的社会背景。由于中国农村人口流动对于城市的发展存在着诸多问题，这就使得流动人口在阶层化发展的过程中对我国农村城镇化的发展存在着一些负面的、消极的影响。

1. 贫富差距拉大

农村流动人口阶层化主要表现为他们所从事的职业分化，最终导致其收入出现差距。这种差距不仅反映了农村流动人口对财富的占有程度，也在一定程度上反映了农村流动人口的社会层次和地位。当前在农村流动人口中有资产过千万的农民企业家，也有处于温饱线以下的农民工。由于贫富差距的扩大，在农村流动人口中，越是收入高社会地位高的阶层其负担越小；越是收入低、社会地位低的阶层其负担越大。这种收入、社会地位与农村流动人口负担之间存在负相关的关系，不仅影响了农村流动人口的社会发展能力，带来了农村流动人口这一群体之间的融洽程度，而且影响到政府对社会管理的公信力，不利于新型城镇化的推进。

2. 城镇化建设中的矛盾加剧，不稳定因素增多

随着农村流动人口内部不同阶层收入差别的扩大，使得农村社会结构遭遇转折，同时人们的传统价值观念发生变化，导致其思想观念和价值取向发生变化，形成不同的意识群体和阶层。城镇化建设过程中形成的国家体制、社会责任、民主富强、公平法治等传统价值观和社会价值观在阶层矛盾逐步缓解。这种现状说明传统道德和价值准则正在发生变化，这种变化不利于我国新型城镇化的文化和凝聚力建设。

3. 新型城镇化建设组织保障薄弱

随着经济的发展和农业技术的进步，农村出现大量的剩余劳动力，在利益的驱动下，大规模的农民向城市流动，在这些流动人口中有年轻人、农民，有不少村干部、农业技术人员、农村教师等群体，而留下来的多是小孩和老人。这一现象不仅使城镇化建设中基层组织受到严重影响，也带来一些新的社会问题。很多农村知识水平较高、有一定技术的农民都不愿留在农村担任村干部，一方面是因为工资待遇低，另一方面是由于基层工作难开展、干群关系不和谐，造成农村干部素质不高，对新型城镇化建设造成不良影响，阻碍城镇化顺利发展的进程。

二、农村流动人口阶层化的形成及表现

（一）农村流动人口阶层化的形成

近几十年来，我国农村人口流动经历了不同的阶段。在改革开放前，我国实行高度集中的计划经济体制，对社会经济的发展和农村人口流动推行了严格的控制。经历了改革开放，我国实现了计划经济向市场经济体制的过渡，但是计划经济体制并没有完全被打破，市场经济体制也并没有完全建立。在这一时期，我国社会经济发展迅速，处于各种经济活动活跃与社会矛盾凸显的复杂时期，我国人口流动现象在这一时期出现。

在改革开放前，我国农村人口流动尚未形成一定规模。改革开放后，随着我国工业和服务业的进一步发展和城镇化的推进，我国农民逐渐从农业生产脱离，从事着非农业生产活动，随着职业和收入的变化，在农村流动人口内部出现了分化现象。其中，改革开放后，计划经济向市场经济的转变为农村大规模的人口流动提供了有利的社会条件。

（1）生产责任制为农村人口流动奠定了一定的前提条件。生产责任制使得农民脱离人民公社制下严格的生产时间限制。农民有自由支配时间的自由，农业生产效率的提高、农业生产固有的季节性周期为农民流动提供了可能性。同时农村劳动成果分配方式的改变，使农民自己掌握了最基本的生存资料，在市场经济的利益驱使下，农民可以自由选择农业生产活动和非农业生产活动，这也为农民流动创造了条件。

（2）农产品流通体制的改革为农村流动人口创造了条件。统购派购制度的取为农民生产经营活动提供广阔的空间，促进农民流动。

（3）农村非农业生产经营的利益刺激着农村人口流动。农村非农业生产活动的劳动利益远高于农业生产利益，并且差距不断扩大，这种逐渐扩大的利益差距引发了大规模的农业人口流动。

（4）地区发展的差异和城镇化的开发加大了农村人口的流动。改革开放后我国不同区域的发展水平出现差距，同时城镇数量的扩张及开放程度的提高，促进了农村人口的流动。

在当前快速城镇化的背景下，我国农村人口进入城镇的方式主要有以下四种：

第一，通过教育考试的方式进入城市。这类农村流动人口主要是通过受教育程度的提高，经过高考、服兵役、公务员考试、事业单位考试等方式，由农村向城市的正式部门转移。这种由"农业人口"向"非农人口"的转移体现了我国完全竞争的机制。以此方式进入城市的人口数量极少，他们都是农村人口中的"精英"，对农村的其他人口也起到一定的"榜样"作用。这批通过高等教育流动到城市的农村人口，进入城市的正式部门后，由于受教育程度、职业的类别、收入的稳定性、社会福利保障和权力的影响，在流动人口阶层化划分中处于中上层甚至上上层，推动者城镇化的发展。

第二，通过城镇购房进入城市。2007 年，随着户籍制度的深入改革，新政规定，凡是在城镇购房，取得了合法住所并居住，便可向住房派出所申请落户。此规定使得一起经济条件允许的农民通过城镇购房离开居住多年的农村，稳定的流入城市。随着经济的发展和收入方式的多元化，农民经济收入能力也在不断提高，同时城镇化的发展增强了城市功能、改善了基础设题、提高了教育医疗环境，这些现实的基础条件吸引着有条件的农村人口向城市流动。

第三，通过稳定打工进入城市。这类农村人口主要是以自主谋业的方式进入到城镇的非正式部门，做着城镇居民不愿意做的工作，这类工作通常具有"脏、累、苦"的特性，例如建筑行业、环卫行业、搬运行业等。这类流动人口主要是随着第三产业的发展而带动的，这类农村流动人口工作层次不高，但是相对新生代农民工来说相对稳定，不会轻易跳槽。这类群体用自己的微薄力量奉献着自己，促进着城镇化的发展。

第四，通过"候鸟式"、"旅游式"流动进入城市。近年来，"旅游式"流动在新生代农村流动人口中变得日益普遍。据统计，截至2012年，"80后"新生代农民工已经占全部外出农民工约六成，成为农村流动人口的主体。① 这类农村流动人口大都从学校走向工厂，几乎没有务农的经验，没有生活压力，只希望能够得到一份相对轻松的工作，留在城市。这些"80后"务工者为了寻求更好的工作和前景，更换工作和城市更为频繁。据社会调研发现，自2000年以来，75%的农民工换过工作，其中，30%的人在近半年内换了工作，60%的人在近2年内换了工作，农民工每份工作的平均持续2年，结束的工作与开始的工作时间一般相隔半年。人们评价这些持续更换工作的人们"根本不是在打工，更像是旅游"，这种旅游式务工，候鸟式流动的人群逐渐成了农村流动人口的重要组成部分。相对于工作相对稳定的农民工来说，这类人群为当地城市带来了经济效益的同时，也带来了一定的负面效应。比如，不利于企业对技术人才的培养、阻碍了自身价值的实现，更不利于其阶层的合理分化及城镇化的发展。

（二）农村流动人口阶层的类型划分

马克思·韦伯提出的"三位一体"分层理论对社会成员进行阶层划分具有三重标准，即经济标准、政治标准和社会标准，并且这三个标准相互联系、相互影响并在一定条件下相互转化。根据韦伯"三位一体"的分层标准，可以将我国农村流动人口内部划分为以下的五个阶层。

第一，准市民身份的农村流动人口阶层。准市民身份的农村流动

---

① 曹晔：《基于就业格局的农民工培训制度设计》，载于《职教论坛》，2014年第4期，第21~25页。

人口是指从事在某种经营活动的农村流动人口，这部分群体占有一定的生产资料并且为雇佣者。这类群体与城镇市民最为接近，他们是最早融入城镇生活的农村流动人口。他们具有明显的特征：一是在收入上，人均年收入达到几十万元甚至百万元以上；二是在常住城市拥有属于自己的住房；三是通过各种途径让自己的子女在所居住城市的学校接受教育；四是生活水平普遍高于普通市民；五是拥有一定的社会资源和社会声望。

这部分农村流动人口基本上属于全家流动型家庭，近年来通过城市购房改变其农村户籍，解决城镇市民身份的名实相符问题并不难。

第二，自我雇用的农村流动人口。自我雇用实际是指农村流动人口中的个体工商户，这类群体占有少量的生产、生活资本，例如市场上的小商贩。[①] 他们也具有属于自己的特点：一是他们的日常收入并不是太高，但是足以维持全家人的日常生活开销；二是他们购买城乡住房比较困难；三是其子女很难进入城市学校接受教育。但是这类群体的其中一部分人在城市中生活时间较长，积累了较为丰富的社会经验和部分资本，他们维持生存的能力较强。这类群体市民化的可能性较大，如果国家能够在户籍制度和社会保障方面给予扶持，他们转变为市民身份将不再困难。

第三，依靠打工为生的农村流动人口。依靠打工为生的农村流动人口是指在城市的第二产业和第三产业从业的农村流动人口，他们完全依靠打工的收入来维持生活。这类群体主要集中于第二产业中的制造业、建筑业、采矿业和第三产业中个体从业人员，例如餐馆服务员、社区保洁员、保姆、搬运工等。这类农村流动人口生存条件差，市民化的可能性极小。他们的特点是：一是没有一定的文化和学历，也没有相应的技术；二是生活、工作条件差，劳动时间长、强度大；

---

① 谢建社：《农民工分层：中国城市化思考》，载于《广州大学学报（社会科学版）》，2006年第10期，第44~49页。

三是劳动收入较低，很难维持全家人的生活开销；四是城市认同感较弱，他们认为自己就是农村人，临时外出赚点小钱。这类群体无力承担全家向城市转移的生活和发展的高成本，只能"候鸟式"的穿梭于城乡之间。

第四，失业的农村流动人口。失业对于"候鸟式"的农村流动人口而言，较为正常。有学者对有过失业经历的农民工进行调查发现，约 66.7% 的人曾经失业 1~2 个月，25.5% 的人曾经失业 3~6 个月，4.2% 的有 1 年多时间找不到工作。① 即便是失业率那么高，但是一般农民工进城市打工后依然不愿意再回农村，有些甚至在城市"安家落户"。有学者在调查中发现，41.36% 的农民工在城市中至少待了 2 年以上，5 年以上的为 17.42%，还有 7.22% 的农民工一待就是十几年，真正的成了"城市人"。在失业率这么高的情况下，他们是靠什么来维持生活？调查发现，靠积蓄维持的占 53.02%，找老乡亲戚朋友借钱的占了 32.38%，也有靠家里寄钱救济的。值得引起注意的是，一小部分失业农民工走上了犯罪道路。对珠三角地区 S 监狱 207 个犯罪农民工的问卷调查发现，有 90 人因失业而犯罪，占调查总人数的 43.5%。

第五，失地农村流动人口。失地农村流动人口市民化，不仅是身份和职业的变化，也是农民的自我意识、社会权利和生产生活方式的转变，是农民向市民的整体转变。失地的农村流动人口大都生活在城乡接合部和小城镇地区。由于城镇化的扩张，政府征地的增加而导致失地农民日益增多。虽然失地农民中相当一部分已经获得了城镇户口和数量不等的补偿款，但相当一部分人处于失地失业没有社会保障的状态，在补偿款用完后，一部分人的生活便没有了来源。一个迫切需要解决的问题就是如何使这部分人获得新的谋生手段，从而融入城市生活，成为真正的市民。失地农民市民化过程中的各种制约因素，包

① 李蕾：《城市农民工阶层化问题探讨》，载于《中国劳动关系学院学报》，2009 年第 8 期，第 55~58 页。

括个体层面的受教育程度、收入水平、年龄等因素，制度层面的补偿政策、安置政策、就业政策、社会保障政策等，网络层面的社会支持网因素等，都严重制约着失地农民融入城市，他们难以成为真正的市民。农民工所拥有的社会资源差异是其产生二次分化的根源。[①] 社会资源包括生产资料、资金、技术、知识、劳动力和社会关系等要素，这些要素会以不同的社会活动方式形成财富，而人们拥有财富的多少在很大程度上决定了其在群体或社会中的位置，从而形成农村流动人口内部不同的层级。

（三）农村流动人口阶层化的特点

1. 职业分化

在农村人口向城市迁移的过程中，农民的职业逐渐由专一的农业生产活动向多元化的非农业生产活动转移。20 世纪 80 年代至今，农村流动人口从"离土不离乡"的就地转移的模式到"离土又离乡"的进城务工模式的转变，使得农村流动人口进一步分布于工商业、手工业、服务业等非农产业。在流动人口的职业构成中，大多数人口分布于最底层职业中，较底层职业分布在所有职业中占比重较大。如表 7 - 3 所示，生产、运输设备操作人员及有关人员占比最大约 55.4%，商业、服务业人员约占 27.6%。虽然专业技术人员仅次于商业、服务业人员，仅占约 5.8%。在总人数为 6022697 的流动人口中，国家机关、党群组织企事业单位负责人占比较低，仅占 2.4%；办事人员及其相关人员占 5%。其他不变分类的从业人员仅占 0.1%。由此可见，在农村人口流动的过程中，其职业分布呈现异质性现象。

---

① 李蕾：《城市农民工阶层化问题探讨》，载于《中国劳动关系学院学报》，2009 年第 8 期，第 55～58 页。

表 7 – 3   农村流动人口的职业分布

职业分布	人数	比例（%）
国家机关、党群组织、企业、事业单位负责人	147228	2.4
专业技术人员	351904	5.8
办事人员和有关人员	302675	5
商业、服务业人员	1664717	27.6
农、林、牧、渔、水利业生产人员	210456	3.5
生产、运输设备操作人员及有关人员	3339252	55.4
不便分类的其他从业人员	6465	0.1

资料来源：国家统计局"六普数据"。

从目前流动人口的现状来看，虽然大多数农村流动人口并没有脱离其农民身份，但不同的职业分布在一定程度上改变了其阶层分化。这主要表现在以下三个方面：第一，职业分布改变了农民流动人口的收入构成，使得农民有单一的农业收入向多元化收入转变，提高了农民的收入水平，改变了其经济地位。第二，往返于城乡两地的农民获得更多的信息，社会化程度更高，他们在技术、见识、观念资源等方面都有所提高。第三，伴随着农民职业结构的变化、收入的提高和信息技术的流通，其社会地位也悄然发生着变化。

2. 经济收入的差距化

一方面，职业分布的变化会改变流动人口的收入构成和收入水平；另一方面，经济收入的差异则是城市农民工内部发生分化的最直接、最本质的原因。

根据国家统计局数据，农村居民家庭人均纯收入从 2010 年的 5919 元到 2012 年的 7919.6 元。由于人口的大规模流动和职业的结构的多元化发展，农村居民的收入不仅包括农业生产的收入还包括工资性收入、家庭经营性收入、财产性收入和转移性收入。如表 7 – 4 所示，把农村居民收入分为五个等级：低收入户、中等偏下户、中等收入户、中等偏上收入户和高等收入户。从纵向的角度，随着经济的发展和消费水平的提高，每一个等级的家庭的每一项收入总体呈上升趋势。但是，从横向的角度，在农村居民家庭人均纯收入中主要依靠工资性收入和家庭经营纯收入，而财产性纯输入和转移性纯收入只是辅助性收入。同时高低收入户的收入差距由 2010 年的 12179.9 元上升到 16692.7 元。说明随着农村居民职业多元化的发展，农民收入方式由单一的收入向多元化收入转变。在职业类别出现分化的同时，农民的经济收入也在出现分化，这种职业和收入的分化使得农村出现不同利益团体，为农村流动人口分层奠定了一定的经济基础。

表 7-4　农村居民家庭人均纯收入分布情况（2010~2012 年）　　单位：元

年　份	低收入户	中等偏下户	中等收入户	中等偏上户	高收入户
2010	1869.8	3621.2	5221.7	7440.6	14049.7
2011	2000.5	4255.7	6207.7	8893.6	16783.1
2012	2316.2	4807.5	7041	10142.1	19008.9

资料来源：国家统计局"六普"数据。

3. 权力变化

人口的流动使得农民的社会地位出现分层，改变着农村权力支配和运行的作用。在传统的、不流动的农村社会，来源于固定的、外赋的、先在的身份性权利支配着农村社会权力的运行。这种权力是在家庭或者村落从事劳动的过程中以血缘为纽带而自然形成的父权和族权。例如，在新中国成立初期，只有贫下中农及其子女才有可能担任干部。而改革开放后，随着农村流动人口的出现，以父权和族权为核心的农村权力结构逐渐瓦解，取而代之的是这些农村流动人口所拥有的社会资源。这些社会资源包括生产生活资料和工具、资金技术、知识储备和社会人脉、信息等因素。拥有资源的多少在一定程度上决定了其在一个特点群体中的权力大小，从而决定了其在一个群体中或社会中的位置，最终形成不同质的群体导致了阶层化的出现。

三、农村流动人口阶层化的困境分析

在农村流动人口阶层化的过程中，出现了阶层分化不稳定、不平衡、碎片化、分化不彻底的现象。这些都不利于新型城镇化的健康发展。

（一）农村流动人口阶层化的困境

改革开放后，随着我国工业和服务业的进一步发展和城镇化的推进，我国农民逐渐从农业生产脱离，从事着非农业生产活动，随着职业和收入的变化，在农村流动人口内部出现了分化现象。

1. 阶层分化不稳定

农村流动人口从农业中分离进入城市各行各业，他们大多从事着非农工作中相对初级的岗位，并且没有"正式职工"身份，比如建筑工人、工厂普工、餐厅服务员等较低层次的工种。他们从事职业的共同特点是科技含量低、技术成分不高、可替代性强。因此，无论从总收入量上比较还是在各单位中的相对工资的比较，都属于较低层次，工作相对不稳定。虽然在城市中的收入比在农村从事农业活动的收入高，但是其承担着较高的生活成本和较低的经济和社会地位，忍受着城市人的排斥和不认可。并且这些农民工从事的职业都是以合同制为主，甚至没有正式的就业合同。很多农民成为往返于城乡工作的状态"两栖人"，既是农民也是工人，工作流动性强但是稳定性差。从长远来看，这种阶层分化的不稳定性不仅不利于家庭稳定和社会安定，也不利于收入水平的提高和我国新型城镇化的健康可持续发展。

2. 阶层分化不平衡

党的十一届三中全会以来，家庭联产承包责任制，大大提高了农业生产效率，使得大量农村剩余劳动力产生。随着 20 世纪末乡镇企业的兴起，农村出现了人口以"离土不离乡"的模式进行着就地流动。20世纪后期开始，随着乡镇企业对农村劳动力吸纳能力的降低，农村出现了以"离土又离乡"为主要模式的异地转移，出现了农村人口大规模的流动。近年来，随着工业化的发展和城镇化的进一步推进，城镇数量不断增多，第二、第三产业尤其是服务业的迅速发展为农村流动人口提供了新的契机，我国农村流动人口进一步分化到各行各业，农村流动人口内部也出现了阶层分化现象。这一现象从农村流动人口从事非农产业的绝对人数和相对人数可以直观地显示出来。从1985～2010年，25年间农村流动人口所从事的非农产业人数从7033万人次上升到22763人次，其数量增长了15730人次。同时，农村非农产业的从业人数占农村总从业人数的比例由19%增至54.96%，同比增长了35.96%。

农村流动人口的人均收入组成也可以从一个侧面影响其内部阶层分化。从表7-5显示的数据可以看出，在农村居民纯收入中，农户的收入构成是多元化的。在农村居民的纯收入中，其农业收入的增长占家庭经营收入增长的比重逐渐下降，而其他收入的增长比重逐步上升，其中工资性收入的增长速度尤为显著。农业收入的绝对值从1990年到2011年增长了4.5倍，但是在农村家庭经营人均纯收入和人均总纯收入中的比重分别从66.45%和50.2%下降到了58.87%和27.18%。而工资性收入从1990年的138.8元到2000年的702.3元增加了4倍，从2000～2011年又翻了2倍；工资性收入在农村居民人均纯收入中所占的份额也在加速增长。[①] 在此同时，工业、建筑业收入、交通运输和社会服务业的收入在绝对数量和占比上都处于上升的趋势。由此农村居民家庭人均总收入及其构成的数据变化说明农民中存在着大量的流动人口，同时由于其职业和收入的多元化发展，在农村流动人口内部阶层分化现象发展越来越明显。

---

① 石东东：《农村剩余劳动力转移对农村居民消费影响的研究》（研究生论文），河北经贸大学，2013年。

表7-5　　农村居民家庭人均纯收入及其构成（1990~2011年）

收　　　入	1990年	1995年	2000年	2005年	2010年	2011年
纯收入	686.3	1577.7	2253.4	3254.93	5919.01	6977.3
工资性收入	138.8	353.7	702.3	1174.53	2431.1	2963.4
家庭经营纯收入	518.6	1125.8	1427.3	1844.53	2832.8	3221.98
其中：农业收入	344.6	799.44	833.9	1097.7	1723.5	1896.7
工业收入	9.15	13.63	52.7	61.1	93.3	104.7
建筑业收入	12.2	34.5	46.7	47.1	88.75	87.9
交通、运输、邮电业收入	13.5	27.8	63.63	84.2	125.4	153.1
批发、零售业及餐饮业	12.7	34.3	78.54	108.55	186.43	244.1
文教卫生业收入	—	—	6.86	10.13	21.56	22.6

资料来源：中国统计年鉴2011年、2012年。

3. 分化态势呈碎片化

随着我国农村流动人口职业和收入多元化的发展，其内部分化呈碎片化态势。从农业活动中分离出来进入非农业生产部门的农村流动人口，他们从事的工作分布在三大产业的不同领域和不同层面。如表7-6所示，根据全国六普数据显示，2010年我国流动人口职业中就业分布情况。2010年"六普"数据显示，农村流动人口职业分布于生产、运输设备操作人员及有关人员高达3339252人，占比达到了55.4%。作为商业、服务业人员高达1664717人，占比27.6%。而国家机关、党群组织、企事业单位人员在总流动人口中仅占2.4%。职业分布和收入状况作为流动人口阶层分布的重要指标，由这些比例可知，从农业中分化出去的流动人口从事其他的职业只要集中在建筑业、制造业、商业、服务业，多数属于层次较低的蓝领工人，而作为企业管理人员、政府机关干部、企事业单位的专业技术人员的比例明显较低。根据"农村劳动力就业状况及职业培训需求调查"的社会实践调研发现：我国农村流动人口所在工作单位的所有制性质为私营、个体的比例高达79%，国有企业的比例仅为6.40%；工作单位类型这一项调查发现，我国农村流动人口在党政机关工作的仅占

1.20%，事业单位的占 3.80%，在企业工作的占 43.60%；在所有调查样本中 61.20% 的农村流动人口不是业主；有 45.70% 的被调查者并不认为他们的工作非常稳定，仅有 14.60% 的被调查者认为他们的工作比较稳定；并且有 61% 的人认为如果失业，新的工作并不是非常容易可以找到的，仅有 4.30% 的人认为新工作非常容易找到；值得注意的是 90% 的被调查者的工作单位是不提供医保、退休金、住房福利的，这就说明了大部分农村流动人口的生活并没有太多的保障；在所有被调查者中，56% 的人将自己所处的社会阶层定位为中下层，其中上层占 9%，中上层占 5.1%，中层占 56%，下层占 5.9%。根据社会调查数据发现，我国农村流动人口的工作并不是特别稳定，工作福利不高，对自己的阶层定位较多集中在社会中下层。整体来看，我国农村流动人口阶层化发展并不平衡并处于碎片化状态。

表 7 - 6　　　　　　　　农村流动人口的社会经济特征

问卷内容	选　项	样本总量/流动人口
工作单位所有制	国有	6.40%
	混合所有制	5.10%
	私营、个体	79%
	合资	3%
	外资企业	5%
	不确定	1.50%
工作单位类型	党政机关	1.20%
	事业单位	3.80%
	企业	43.60%
	不确定	51.4%
是否为业主	是	38.80%
	否	61.20%
目前工作是否稳定	非常稳定	14.60%
	比较稳定	39.70%
	不稳定	45.70%

问卷内容	选 项	样本总量/流动人口
若失业，新工作是否好找	非常容易	4.30%
	比较容易	29.40%
	不太容易	61%
	困难	5.30%
工作单位是否提供医保、退休金、住房福利	没有福利	90%
	部分福利	2.80%
	所有福利	7.20%
平均月收入水平	无	3500元
自我社会阶层的定位	上层	9%
	中上层	5.10%
	中层	24%
	中下层	56%
	下层	5.90%

资料来源：社会问卷调查。

4. 阶层分化不彻底

按照职业类型和收入来源对农村流动人口分类。第一类为纯非农户，是指整个家庭的劳动力的职业全部脱离农业生产活动，家庭收入来源于非农收入；第二类是兼业户，是指既从业农业活动又有非农业的兼职，其家庭收入既有农业收入又有非农产业收入。这种兼业户也可以说是候鸟型的农村流动人口。

虽然表7-7的各项数据表明农村流动人口在职业和收入上都存在着明显的差距，但是在所有流动人口多数农民工处于兼业状态，并没有完全脱离农业生产活动和农民身份。据六普数据资料显示，在全国乡村人口在各行业人数分布数据中，有75%的乡村劳动力从事着农林牧渔产业，而中国农村统计年鉴统计的从事非农产业的人数比全部农业人口多出25%。这两个指标的差异说明在农村劳动力中存在着兼职农民，这些农民中绝大部分是农村流动人口。随着流动人口规模的日益扩大，如表7-7所示，乡村中兼职农户的占比一直居高不下，处于40%以上。

表 7 - 7　　　　　　　　　乡村农户兼业情况调查　　　　　　　单位：%

年份	纯务农户	兼业户	纯非农户	其他
1995	48.8	44.46	5.16	1.58
2000	46.26	46.12	5.75	1.87
2005	41.89	45.41	10.16	2.55
2010	43.25	44.01	10.13	2.61

资料来源：农村固定观察点的观察资料。

（二）农村流动人口阶层分化困境可能引发的危害

1. 农村流动人口阶层化的浅层性导致"阶层回流"现象的出现

在传统的农村生活中，土地是农民赖以生存的物质基础，但是随着城镇化的发展，工业化和现代化水平的提高，传统的生产、生活方式被打破，农村人口逐渐变成城镇人口，这就加快了整个农村社会结构的改变。传统农民被划分为不同的阶层，主要是以职业特征为划分基础，其中农村流动人口阶层也可以称之为农民工阶层。受城乡二元经济体制的影响，农村流动人口脱离农业生产到城镇工作和生活，却由于户籍制度的壁垒和农民身份，不能和市民一样享受平等的社保、教育和医疗等基本的公共服务。并且由于年老、失业等原因从城市中的非农产业中返回到乡村继续农事生产活动。因此，他们被称为农村流动人口，自由地在城镇和农村之间流动着。据国家统计局统计，当前我国的农民工约有 1.5 亿人。在农村流动人口中，不可忽视的另一部分群体是"80 后"、"90 后"的"新生代农民工"，这批人并未从事过农业活动，他们接受过教育、掌握着一些知识、有比较高的职业期望，也比较注重实现自身的价值。[1] 不管是农民工还是"新生代农民

_____

[1]　宫敏燕：《论城镇化背景下农民阶层的分化与整合》，载于《中共福建省党校报》，2013 - 3 - 15。

工",他们拥有的共同点就是:在激烈竞争的城市,期望着融入城市,真正成为城市的一员。然而相对于受过良好教育,拥有核心技术的专业人才而言,农民工阶层依然无法承担金融危机、房地产泡沫等带来的冲击,尤其是遭遇经济危机时,他们是最先受到影响的群体,并且影响较大。由此引发"阶层回流"现象。据不完全统计,2008年的金融危机冲击了约2000万农民工,他们因失去工作重新回到农民阶层。

2. 农村流动人口阶层化的过渡性制约其身份认同

从理论上看,各个不同的阶层之间应该存在比较清晰的界限,在社会转型过渡期间,随着国家政策的放开,农村劳动力的流动规模随之扩大。这些农村流动人口可以自由地选择自己愿意的就业单位、就业时间、就业地点,由于机遇和个人禀赋的不同造成农民阶层之间存在着不同选择,以充分发挥着个人的最大效能。正是农村流动人口的多元化选择,使得农村流动人口阶层界限的不清晰,从而使其产生身份认同危机。所谓的身份认同是指个体自身在社会体系中所处地位的自我定义及基于此认知带来的情感及价值选择。身份认同不仅是个体的心理过程,也是个体与现实世界相联系的综合概念,是个体的行为参照也是社会顺利运行的基础。当个体拥有多重身份时,不仅减弱了该阶层的凝聚力同时减弱了个体成员对其阶层的忠诚度,最终影响成员个体自身的身份认同。农村流动人口这一阶层存在开放性、多重性和碎片化的特征,使农村流动人口分化的各个阶层处于不稳定的状态,各阶层的边界不清晰,流动人口对自己所处的阶层没有强烈的归属感,同时阶层意识比较薄弱,最终是农村流动人口阶层间的凝聚力弱化,个体对其阶层事务和阶层冲突的参与度降低。

3. 农村流动人口阶层化的不平衡性使其遭遇"阶层矛盾"

我国市场经济体制的不断改革和完善,使整个社会阶层间存在的阶层壁垒逐渐被打破,社会体系越来越灵活。而阶层化的"马太效应"又造成了农村流动人口阶层内部的不平衡及与其他层之间的不平衡性。各不同阶层对资源占量存在明显的不均匀，这种不均匀的主要体现在农民阶层分化中，例如，农村管理者、乡镇企业的管理和经营者、私营企业主这三个阶层在整个农村人口中所占比重较少，但掌握和控制着农村大多政治、经济、文化资源，他们的收入较高，在社会地位上有明显的优越感，他们是农村的强势群体。[①] 个体工商户、农村的知识分子及乡镇企业工人数量较多，是中间阶层；农业劳动者中的很大部分直接从事农业生产，劳动时间长、强度大、效率低、收入少、生活水平较低。农村流动人口的不平衡主要表现在行业间、阶层间的不融合。例如，随着城镇化进程的加速和流动人口数量的扩大，农村流动人口阶层中出现了一些较富裕的人群，他们有的因在城市中获得了各种机会而获得了客观的经济收益，在这些流动人口中有农民企业家、农民技术工人等，农村流动人口阶层与其他阶层之间的矛盾就逐渐明显。除此之外，受农民素质的提高和基层管理水平的影响，农村管理者阶层与农民阶层之间的矛盾也不断地突显化，在某种程度上阻碍着乡村治理的正常秩序，给社会的安全稳定带来了一定的冲击。

（三）农村流动人口阶层化健康发展的阻碍因素分析

行为动机理论认为，个体的行为的产生是由环境、动机和能力共同作用的结果。这里主要从宏观和微观两个层面展开分析。影响农村流动人口阶层化的外部环境主要表现在制度层面，包括户籍制度、土地流转制度、劳动力市场管理制度及社会保障制度等方面，而内在环境即非制度因素主要表现在个体因素、家庭背景等方面。

1. 制度环境层面

首先，从户籍制度层面看，户籍制度是我国城乡社会管理过程中社会福利和各项公共服务制度制定的基础，也是我国城乡二元体制形

---

① 孔繁金：《农村阶层分化对和谐社会构建的影响》，载于《理论探讨》，2007 年第 4 期，第 24～26 页。

成的前提条件，是研究我国农村流动人口阶层化发展不可或缺的重要因素。在改革开放以前，我国农村流动人口的数量和规模较小，户籍制度对我国农村流动人口阶层化发展的影响并不是特别显著。但改革开放后，随着城乡社会经济发展水平的差异日益扩大，户籍制度将居民分为市民和农民，同时与户籍制度配套的福利政策和基础设施等相关条件把城市与农村分割起来。户籍制度所引起的城乡壁垒严重制约着我国农村人口流动及其阶层化的发展。19 世纪 80 年代后，我国实行的暂住证制度改革，实现了大量农村剩余劳动力向城市转移，为农村流动人口阶层化的发展奠定了一定的基础。由于户籍制度壁垒的存在，城乡居民在就业、教育、社会保障、养老保险、医疗保险及住房保障等相关制度方面形成了城乡间和城市内部间的壁垒，使得农村流动人口在就业方面与城市本地居民存在着差异化的待遇。在教育方面，外地流动人口的子女被排挤在城市教育系统之外，只有向城市学校交纳较高的赞助费才能享受城市教育，否则只能回到农村接受教育。在社保方面，很多农民工从事的职业没有缴纳保险，并且城市居民和外来流动人口的最低生活保障也存在很大差异。不利于调节城镇化推进过程中各阶层之间的差距和社会的稳定。

其次，从土地流转制度看，土地流转导致了人口向外流动和农民的职业分化，农村流动人口分化主要表现在利益上的分化和职业上的不同，农村村民逐渐分化为工商业户、半工半农户、小农兼业户、举家务工户。自 20 世纪 80 年代初期，中央"一号文件"允许和鼓励农户按照依法、自愿、有偿的原则，实现土地使用权和经营权的自由流转，农村流动人口规模进一步扩大，目前中国农村剩余劳动力存量超过 2 亿人。土地流转初，受思想观念的限制，农村流动人口很少。到 90 年代中后期，农村人口开始大规模的向外流动，外出务工、经商潮开始盛行，农村中外出务工人员的家庭占总数近一半。农村人口流动使农民不再单纯依靠农业生产活动作为维持家庭开销的主要生活来源，这种生活方式差异表现为农民开始出现职业分化。

分化的农民流动性依然很强，并没有形成稳定的阶层。伴随着土地流转的发展，村社土地通过循环流转和交错流转，逐步流转到少部分农户名下，于是在土地耕种上就形成了一定的差别——有的农民耕种数十亩土地，有的农民耕种几亩土地，而另一些农户则失去土地。农村流动人口从事职业的差异，尤其是农民在进入城市以后，流动人口有了客观的收入，不同农民的收益差距日益扩大，农村社会分层和农民阶层分化现象开始出现。

此外，除了户籍制度和土地流转制度外，城乡不对等的社会保障制度和劳动市场制度在一定程度上影响着我国农村流动人口阶层化。近年来，农村社会保障体系已经基本建立，随着城乡居民养老保险制度的并轨，社会保障体系一体化已破冰。新型城镇化的推进和家庭小型化的演变，使得农民的家庭保障功能逐步弱化，同时随着农村社会经济的发展，土地保障制度也不能完全抵御农民一切生活风险。即使城乡福利和社会保障的一体化在不断加快，却未能满足农民的保障需求。至今，土地依然作为大部分农村流动人口养老的主要手段，因此他们不愿彻底脱离土地，致使农民兼业现象普遍，阻碍了农村流动人口阶层化的发展。当城乡统一的社会保障制度不断发展和完善，农村社会保障制度能够替代土地和家庭保障，才能真正解决农民的后顾之忧，彻底实现流动人口内部的阶层分化。

在城乡户籍制度不平等的基础上，劳动力市场存在着差异。虽然经济的开放性和市场经济体制的建立使得劳动力要素基本能够实现自由流动和配置，但城乡劳动力市场依然存在不均衡和不平等。这种不平等主要体现在就业信息网络的建设、职业培训资源的获取、就业服务的完善等方面。随着城乡一体化劳动力市场的形成和农村地区就业服务质量的提高，目前农民参加职业培训的比例逐步上升，劳务输出组织和服务及就业信息也逐渐增多。除此之外，农民自主创业、返乡创业和进城创办民营企业逐渐享受到了各项税费减免等政策的优惠，甚至是资金、场地、创业培训和创业项目等各方面的支持和帮助。目前，城乡统一的劳动力市场正在逐步建立和完善，为农村流动人口返乡阶层化发展及城镇化的推进具有重要意义。

2. 非制度层面

（1）个体因素与农村流动人口阶层化。

根据调查问卷发现，如表7-8所示，在农村流动人口中，女性劳动者相对于男性劳动者的阶层化意识淡薄。在外务工过程中，由于性别的差异，其选择职业的方向并不一致，当前社会多数职业岗位的需求对农村流动人口的性别差异产生一定的影响。这说明农村流动人口的性别对其阶层化的发展存在一定的影响。

表7-8　　　　　　　　　流动人口的个体特征差异　　　　　单位：%

分类		调查数据	"五普"数据
性别	男性	53	52
	女性	47	48
年龄	16~30岁	51.6	55.3
	31~50岁	32.5	36.5
	51~70岁	15.9	8.2
户口	农业户口	85	23.2
	非农户口	15	76.8
就业状况	在业	76.5	78.6
	无业	23.5	21.4
	无学历	2	3.7
年龄	小学	21.4	21.7
	初中	48.3	51.9
	高中	18.6	12
	大学专科	5.7	3.6
	大学本科	4	1.5
	研究生及以上	0	1

资料来源：关于农村流动人口阶层化的社会问卷调查。

处于不同年龄阶段的农村流动人口其阶层化程度并不相同，在农村流动人口中有一批新生代农民工，他们倾向于流动到大城市务工，他们比年纪较大的劳动力更容易获得新的知识和技能，但是由于其职业流动性较大，没有一定的原始资本，新生代农民工依然处于农村流动人口中的较低阶层。

受教育水平的程度对农村流动人口的阶层化发展存在重要的因素。因为受教育的程度决定着劳动者在求职市场上的竞争力。受教育水平越高，个体所拥有的知识储备、学习能力、生存技能和适应能力就越强，直接影响着其职业结构和收入水平。同时，受教育程度在通常情况下决定着其非农职业的稳定性。有研究表明，文化程度高的农村流动人口更容易找到合适的工作，并且工资水平也相对较高。如表7－9所示，根据国家"六普"数据，农村务工的劳动力中，未接受教育的占9.4%，接受小学文化教育者占33.17%，接受初中教育者占46.25%，接受高中文化教育者占8.8%，接受中专及以上文化教育者占2.42%。这与本研究的预测结果相差无几，即随着受教育水平的提高，农民的职业选择趋向于向城市地区流动。当职业分化对人力资本产生作用时，受教育程度便对其阶层内部分化具有一定的影响。

表7－9　　　　全国分受教育程度、性别的16岁及以上人口的就业情况

单位：人

受教育程度	16岁及以上人口	占比（%）	就业情况					
			正在工作	占比（%）	暂未工作	占比（%）	失业人口	占比（%）
总计	51208905	100	37925073	100	1437298	100	482895	100
未上过学	4839042	9.4	1976637	5.2	78029	5.4	10293	2.1
小学	16986776	33.17	12615466	33.3	457114	32.8	75525	15.6
初中	23683022	46.25	19917514	52.5	801209	55.7	268149	55.5
高中	4490572	8.8	2798418	7.4	89630	6.2	86511	17.9

受教育程度	16 岁及以上人口	占比（%）	就业情况						
			正在工作	占比（%）	暂未工作	占比（%）	失业人口	占比（%）	
大学专科	901277	1.8	486156	1.3	9399	0.6	33289	6.9	
大学本科	296427	0.6	125681	0.3	1776	0.12	8885	1.8	
研究生	11789	0.02	5201	0.01	141	0.0098	243	0.05	

资料来源：国家统计局"六普"数据。

（2）家庭背景与农村流动人口阶层化。

家庭背景对农村非流动人口阶层化的发展发挥着强烈的作用，但是对农村流动人口阶层化发展的影响较弱。父母的职业身份、受教育水平对于农村流动人口的影响微弱。所以对于流动人口的阶层化发展来说，家庭出身和背景并不是一个决定性的因素。

对工业化国家的社会分层研究显示出教育水平和家庭背景是影响个人社会经济地位的决定因素，这是由工业化社会的社会结构特征和社会分层制度规则所决定的。在工业化社会，教育水平和家庭出身背景是影响个人阶层分化的常规因素，基于这些常规因素的作用，人们在制度安排的路径中进行社会流动——家庭背景较高的人更有可能进入社会中上层，拥有高学历的人更可能获得较高的职业地位，进而获得较高的收入，有利于其向上的阶层流动。根据上述数据分析可知，在我国当前社会大背景下，非流动人口的阶层地位的获取更易于受常规因素的影响，并且其阶层地位获取遵循着制度的规则。而流动人口阶层地位的变化较少受常规因素的影响，其阶层地位获取更多遵循着非制度的因素。就流动人口而言，家庭出身背景，原有的户口身份，甚至受教育程度，都不是最关键的影响因素，更关键的因素可能是个人的勤奋努力、机遇、冒险精神或社交网络，而这些影响因素的作用是遵循着非制度的规则。

（3）社会发展因素与农村流动人口阶层化。

我国农村流动人口中部分群体处于兼业状态，这决定了这些流动人口阶层化发展的模糊性和过渡性。如果农民所在地区城镇化发展较好、工业水平较高、经济比较发达，则农民会有较多机会从事非农产业，因此城镇化的发展对农村流动人口阶层化具有推动作用。此外，城镇化程度对于农民是否流动到城市从事非农产业，也是制定发展农村的相关政策重点应参照的问题。从经济层面上看，主要是因为城镇化的发展可能影响农村村落的生产生活条件、就业机会、资本状况、基础设施条件、收入分配状况等，进一步影响到农民外出务工的比较收入和比较成本。因此，在中国农业资源分布较为均衡的情形下，新型城镇化相配套的工业化水平越高，为农民从事非农产业创造的就业岗位就越多，农民职业分化的可能性越大，而同时农民就地分化的概率提高而外出分化的概率降低。在乡镇企业发达的地区，农民可以就地职业分化，也能够兼顾家庭，因此是很多农村流动人口尤其是已婚者的更倾向选择。这种健康的职业分化现象为农村流动人口阶层化平衡、彻底的发展创造了条件。

四、促进流动人口阶层合理分化，推动县域城镇化发展

农村流动人口阶层化是我国改革开放和社会经济发展的产物，农村流动人口阶层合理分化不仅关系到社会的稳定，也关系到我国城镇化的健康发展。在此，主要针对农村流动人口阶层化过程中遭遇的制度和非制度层面困难和阻碍，从制度改革、经济社会的发展和人口素质的培养及职业教育等方面提出了符合我国目前实际情况的发展对策建议，以合理引导农村流动人口阶层化，促进城镇化健康发展。

（一）深化制度改革，拆除城乡壁垒

1. 深化户籍制度改革

1950 年后至今，国家为了限制农村人口向城市流动，实行了严

格的户籍制度。户籍制度所形成的城乡壁垒，严重阻碍着我国农村人口向城镇的自由流动及其阶层化的发展。农民的后代只能通过接受教育考大学、考公务员或服兵役等途径进入城市，否则很难改变其农民的阶层地位。由于户籍制度与社会福利和社会保障紧密相连，城里人则可以享受到诸如住房、就业、教育、公共服务等一系列的社会保障。近年来，随着我国经济的发展和城镇化的推进，户籍制度不断在改革完善，由户籍制度带来的城乡壁垒已经开始松动，例如很多城市有政策规定，凡在本市购置商品房就可以加入本地户籍等，但像北上深等一线特大城市，由于城市规模庞大，全国的流动人口集中，依然在进行严格的户籍障碍。因此，进一步推动户籍制度改革显得尤为重要，户籍制度在我国发展的历程中有着重要的意义。

但也存在着一系列的弊端。因此，必须进一步深化户籍制度改革完善与户籍制度相关的各项社会福利、公共服务、就业、教育及住房保障等方面的制度，才能更好地促进流动人口阶层化的合理发展与城镇化进一步深化。

就城镇化的发展趋势而言，必须进一步实行户籍制度改革，以促进农村人口的合理流动。但由于城乡经济社会发展存在一定的差距，农村流动人口规模庞大，而城市的发展空间有限，所以户籍制度改革要稳中求进，缓慢进行，促进农村人口的有序流动。否则，农村大规模的流动人口盲目的涌入城市，出现城市和农村劳动力市场的供求失衡而出现西方国家类似的社会问题：市民大量失业和贫民窟现象，影响社会的稳定发展和城镇化的进一步推进。

因此，在推进我国户籍制度改革的过程中，应注意以下几点：第一，逐步放开中小城市的户籍限制，让农民能够自由自愿的到中小城市就业，让他们在拥有职业和住房的基础上，较容易获得中小城市户口，并享有同城市居民同样的教育、就业、养老等社会保障制度等。第二，在大城市要进一步缩减户籍制度对农村流动人口的限制，使一些流动人口能够合理地融入城市，对待在大城市居住时间长、拥有稳定工作的人群，要使他们享受到在子女教育、医疗等与生活密切相关的方面与城市居民享受的社会福利。

2. 加快土地流转制度改革

在农村，土地是农民赖以生存的生产、生活资料。农民向城市的流动，如果是以牺牲土地为代价，那么他们失去的不仅是土地资源的收益更是其赖以生存的保障。因此，在合理引导农村流动人口阶层化发展，深化城镇化推进的同时要合理的解决农民土地流转问题。

深化土地流转制度改革，就要依法完善农民对土地的占有权、使用权、收益权及宅基地使用收益的物权保障。农民在流入城市后可以租售土地的经营权，保证其土地资产的收益权，降低了农民向城市流动的成本，加快农村剩余劳动力的大规模流动。当前，在土地流转制度改革的过程中仍然存在着土地用途管制、耕地保护、土地粗放利用、耕地资源等一系列的问题，严重影响着我国城镇化的推进。因此，政府应加大农业耕地管护力度，严厉处置破坏耕地的违法行为。深化土地流转制度的改革，对于城镇化进程中农村流动人口阶层化以及城镇化的发展发挥着重要的作用。农村土地流转制度的改革创新，应该体现在以下几点：

第一，要健全耕地保护机制。要加强计划控制，严格审批非农建设用地，加大耕地保护力度，落实对农民保护耕地的直接补贴，充分调动农民保护耕地的主动性与积极性。要进一步完善建设用地的有偿使用费管理，确保该项收入用在基本农田的建设、保护与开发等方面。

第二，要加大农田改造力度，积极开展农田水利建设，创造适合土地大规模机械化作业的条件，全面提高耕地生产能力和农业生产的效率。这将有利于推进农业现代化进程，解放大批劳动力，剩余农村劳动力可合理流动到城市，加速现代农业发展的同时，推进城镇化进程。

第三，完善农民土地承包权的流转制度，进一步推进农业现代化的发展。随着农村向城市流动人口规模的扩大，农村出现"留守儿童"和"空心村"现象，由于农业劳动力的流失，耕地浪费和使用效率不高的现象普遍存在。新型工业化的发展为农业现代化提供了有力的支持。因此，完善农民土地使用权流转制度，既有利于土地利用率的提高和农业机械化生产，又有利于农民通过对土地使用权的转让或出售落户城镇，从而推动城镇化的进一步发展。

3. 完善流动人口管理体制

我国农村人口流动具有盲目性和自发性，主要依赖地缘和亲缘选择流入地。政府要做好城市发展规划，把农村流动人口的收纳和管理与城市的产业结构相结合。

政府根据农村流动人口来源地的经济发展，采取相应地使农村流动人口转移的措施，以调控农村人口流动的速度。同时要进一步改革完善流动人口管理体制，建立符合农村流动人口发展规律的管理制度。对流动人口的管理要坚持以人为本，建立以街道社区为依托的流动人口管理模式，为流入人口提供必要的服务和保障。

大多农村劳动力对于城市劳动力需求的相关信息获得渠道少、时效性差，存在着信息不对称。政府应完善农村劳动力资源市场，为城乡劳动者提供就业服务信息，加强对公共就业服务和中介服务的引导和管理，为劳动者提供平等的就业机会，保护劳动者合法权益不受侵害。同时，建立健全劳动力市场信息服务体系，建立健全公共就业服务体系，为城乡劳动者提供更为快捷的就业信息，促进流动就业。

4. 加快促进城乡社会保障一体化，扩大保障范围

党的十八大报告提出，要统筹推进城乡社会保障体系建设。目前我国城乡社会保障发展存在着一定的差距，相对于城市，农村地区社会保障明显滞后，一些基本社会保障制度覆盖面较窄。随着城镇化的推进，迫切需要加强制度整合与衔接，加快实现城乡社会管理服务均等化。针对城市流动人口流动性强、收入低、就业不稳定等特点，完善城乡社会保障制度，构建和运行城乡一体化的最低生活保障体系。

农村人口流动到城市，最担心的是就业、医疗、养老等问题，要解决"看病难"、"看病贵"、养老保障等问题，迫切需要建立新型的城乡一体化的社会保障制度。首先，要因地适宜，合理安排养老、医疗等保险的覆盖面。其次，要多渠道筹集社保资金，加强对保障基金的征缴和管理。最后，建立城乡社会保障互通机制，使城市和农村的社会保障可以相互转换，实施城乡一体化保障。

总之，要想解决城镇化进程中人口流动问题，促进城镇化进程中人口合理流动，政府要发挥其职能进行合理调控。首先，要深化体制改革，拆除城乡壁垒，鼓励农村人口向城镇流动。其次，统筹城乡社会经济的发展，合理吸纳流动人口，力争流动数量合理、流动方向合理、流动速度合理。再次，要提高流动人口的文化水平和技术水平。当前，一方面技术含量低的岗位大量失业，另一方面关键的技术岗位紧缺人才，这是工业化发展的一种趋势，只有提高劳动者自身素质，才能顺应社会发展趋势，促进城镇化建设。最后，要完善社会保障体系，消除后顾之忧，在确保经济发展的同时保证社会稳定和人民生活幸福。

（二）统筹城乡经济社会发展，合理吸收迁移人口

1. 统筹大中小城市建设，繁荣县域经济

在我国社会经济发展的过程中，应该避免大城市的过度扩张，在发展大城市的同时，注重中小城市的协调发展。在我国城乡协调发展的过程中，县域城镇不仅是农业产业化的依托更是新型工业化的载体，是连接城乡协调发展的纽带。县域城镇的发展在很大程度上减轻了大城市在环境和资源方面的压力。

推进县域城镇的建设，不仅能够转移农业剩余劳动力，缓解大量农村剩余劳动力流动为大中城市造成的压力，而且有利于解决农村社会经济发展存在的一些矛盾，提高县域城镇的相关产业集聚和吸纳农村劳动力的功能。我国城镇化的发展应该以县域城镇的建设为着力

点，拉动县域经济的持续快速增长，实现农村流动人口的有序流动，进一步的促进城镇经济市场化、农业现代化，加快农村经济市场化的发展步伐，使农村流动人口合理阶层化，促进城镇化的可持续发展。

2. 建设多元化投资体制，推进城镇化进程

当前，我国所有的城镇基础设施、生产设施建设都是由国家一手包办的，这种单一的投资体制在很大程度上阻碍了城镇化的发展进程。由此可见，多元化投资体制对促进农村人口的合理流动和城镇化的发展进程有着重要意义。第一，对于城镇化的投资建设来说，国家只负责整体的规划和指导，在生产设施建设及公共基础设施建设方面则以城镇企业法人为主体，农民家庭和其他的经济实体相互合作，共同出资建设的相互协调的方式进行。第二，对于中小城市来说，政府应出台相应的鼓励政策，以建立郊区工业园等方式吸纳分非农产业集中发展，促进农村人口合理有序的流动，在建立多元化投资渠道的同时，应把中小城市建设成为吸纳农村流动人口的主力城市。第三，对于大城市来说，允许、鼓励经济实力较强的乡镇企业对城市的企业参股、控股，不仅可以吸纳农村的闲置资金，而且可以密切城相乡之间的关系，进一步解决农村流动人口在城市的就业问题。

（三）提升迁移人口素质，助力城镇化建设

1. 加强教育和培训，提高农村劳动力素质

农村人口流动与城镇化的发展密切相关，受教育程度和职业技能已经成为农村流动人口阶层化的重要影响因素。当今社会的竞争实质是人才的竞争。在城镇化推进的过程中，注重农村劳动力文化水平和技术能力的提高，增强农村流动人口走出去的能力，使农村流动人口完成由农村流动人口向城市市民身份转变。目前由于我国教育资源分配不均，农村流动人口的素质和结构并不能满足我国城市工业化发展的要求。首先，政府应该改革与户籍制度挂钩的教育制度与社保制度，使农村流动人口的子女与城市居民子女享有同样的受教育权；其

次，鼓励和扶持乡镇教育事业，提高农村教育水平；最后，加大对农民工专业技能培训的投入，满足城镇化发展对劳动着技能的需求，扩大农村流动人口的就业范围，增强其社会竞争力。

政府在农村流动人口素质技能培养的过程中，应加大对县域职业教育人力和物力的投入并充分利用现有的高校教育资源。第一，要注重培育人才的环境建设，着力构建尊重知识、尊重人才的社会环境和政策环境；第二，要充分利用、调整、优化高等教育布局和结构。目的在于建立一批能适应城镇化需要的职业培训学校和一批与城镇化发展相适应的新学科、新专业，以市场为导向，培养一批满足产业振兴和社会发展急需的技术人才。

2. 加快现代职业教育的发展

将国家、社会、企业等各个方面的力量结合起来，共同来解决农村剩余劳动力这一群体的培训和再教育的问题，通过其技能提高促进农民工的劳动效率。政府要加大对农村职业教育的投入，培养大量农村技能型、实用型人才，提高农民的科学文化素质。农民的职业教育应考虑到职业教育的目标及我国农村人口的流向。农村劳动力基本上包括三大类：第一类是农村劳动力的异地转移，流动到城市第二、第三产业及其他管理部门就业；第二类是农村劳动力的就地转移，到附近新兴小城镇从事非农产业，满足城镇化发展进程中对劳动力的需求；第三类是继续留在现代化的农业生产领域。根据农村劳动力的就业方向和范围，调整传统农村教育目标与内容，发展新型的农村职业教育。优化教育结构和内容，创建农村劳动力就业教育培训基地，根据劳动力市场对劳动力数量、类型、层次的需求，开创普通教育与职业教育相结合、初等教育与职业教育相结合、中等教育与高等职业技术教育相结合的教育途径，不断地为城乡劳动力市场提供高素质的专业技术人员，促进农村剩余劳动力的有效转移。政府、企业和社会都应当高度重视农村流动人口的职业教育培训和岗前培训，不仅要加强农村流动人口各项职业能力的教育，也要重视和加强其职业道德教育，实现农村流动人口这一群体的培训和再教育问题，提高其劳动效率。在农村流动人口阶层分化的影响要素中，经济收入是最主要的影响因素，而职业分化对经济收入几乎起到了决定作用。所以，发展农村职业教育，提高劳动力素质，使其在自由劳动力市场有更强的竞争力，才能保证农村流动人口阶层化的健康、合理的发展，最终实现城镇化的可持续发展。

附录：村/居委会问卷

问卷说明：

1. 调查范围：样本村/居委会
2. 访谈对象：村/居委会主要负责人

调查村/居委会：＿＿＿＿＿＿＿＿＿＿

＿＿＿＿＿＿省/自治区/直辖市＿＿＿＿＿＿县/区＿＿＿＿＿＿街道/乡/镇

被访者姓名：＿＿＿＿＿＿＿＿＿＿

被访者职务：＿＿＿＿＿＿＿＿＿＿

被访者联络电话：＿＿＿＿＿＿＿＿＿＿

访问员观察并记录被访村/居的类型：

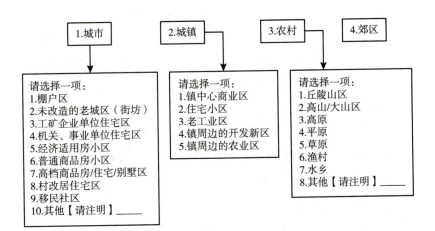

| 1.城市 | 2.城镇 | 3.农村 | 4.郊区 |

请选择一项：
1.棚户区
2.未改造的老城区（街坊）
3.工矿企业单位住宅区
4.机关、事业单位住宅区
5.经济适用房小区
6.普通商品房小区
7.高档商品房/住宅/别墅区
8.村改居住宅区
9.移民社区
10.其他【请注明】＿＿＿＿

请选择一项：
1.镇中心商业区
2.住宅小区
3.老工业区
4.镇周边的开发新区
5.镇周边的农业区

请选择一项：
1.丘陵山区
2.高山/大山区
3.高原
4.平原
5.草原
6.渔村
7.水乡
8.其他【请注明】＿＿＿＿

访谈开始时间：_____年_____月_____日_____时_____分。

访问员签字：_____访问员联络电话：_____

保密承诺：根据《中华人民共和国统计法》第三章第十四条，本资料"属于私人、家庭的单项调查资料，非经本人同意，不得泄露"。

一、村/居基本情况

1. 该村/居的行政区划面积是多大？　_____平方公里

2. 该村/居去年年末总共有多少户？　_____户

3. 该村/居去年年末总共有多少总人口？　_____人

　　其中：户籍人口：　_____人

　　　　　常住人口：　_____人

　　　　　外来流动人口：　_____人

4. 去年年末，常住人口的年龄结构：

　　　　10～15岁人口数为：　_____人

　　　　60岁及以上人口数为：　_____人

5. 该村/居是否少数民族聚集区？　（0. 否　1. 是）　请写出民族名称：_____

6. 该村/居是否属于（接待游人的）风景旅游区？

　　　　　　　　　　　　　　0. 否　　1. 是

7. 该村/居是不是流动人口聚居区？　　0. 否　　1. 是

8. 该村/居是不是属于革命老区？　　　0. 否　　1. 是

9. 本村/居是否有寺庙？　　　　　　　0. 没有　1. 有

10. 本村/居是否有教堂？　　　　　　　0. 没有　1. 有

11. 本村是否有家族祠堂？　　　　　　0. 没有　1. 有

12. 本村/居内有没有以下设施？

　　（1）卫生室/诊所

　　（2）便利店（小商店/小卖部）

（3）百货店

（4）农贸市场/集市

（5）银行（柜员机）

（6）文化活动中心/室

（7）体育运动场所/设施

（8）儿童游乐场所/设施

13. 村/居内主干道/主要马路属于哪一种类型？

（1）土路　　　　（2）柏油路

（3）水泥路　　　（4）其他【请注明】_____

14. 本村/居离最近的医院/卫生院有多远？_____公里。

（如果在本村/居内，填"0"）

15. 本村/居离最近的小学有多远？_____公里。

（如果在本村/居内，填"0"）

16. 本村/居离最近的初中有多远？_____公里。

（如果在本村/居内，填"0"）

17. 本村/居离最近的高中有多远？_____公里。

（如果在本村/居内，填"0"）

18. 您村/居有多少低保家庭户？_____户。

19. 去年实际救济多少低保家庭户？_____户。

20.（a）去年低保户每户实际的每人每月最低保障标准是_____元。

（b）去年低保户每户实际的每人每月最高保障标准是_____元。

21. 在您的村/居内，饮用水的主要水源：

（1）江河湖水　　　（2）井水　　　（3）自来水

（4）矿泉水、纯净水　（5）雨水　　　（6）窖水

（7）池塘水　　　　（8）其他【请注明】_____

22. 在您的村/居内，家庭做饭用的主要燃料是：

（1）柴草　　　　（2）煤炭　　　（3）煤气（液化气）

（4）沼气　　　　（5）其他【请注明】_____

23. 本村/居有没有使用下列新能源？

1. 沼气	1. 使用	2. 不使用
2. 太阳能	1. 使用	2. 不使用
3. 风能	1. 使用	2. 不使用
4. 其他【请注明】_____	1. 使用	2. 不使用

24. 如果没有，当地有没有计划在本村/居发展这些新能源？

    0. 没有   1. 有【请注明】_____

25. 您村/居方圆 5 公里内是否有化工厂、冶炼厂、造纸厂等高污染企业？

    0. 没有   1. 有

26. （城市社区询问）目前，居委会辖区内商品房的平均价格大约是多少？_____元/平方米。

27. （城市社区询问）目前，居委会所在城市的商品房平均价格大约是多少？_____元/平方米。

28. 这个社区是否属于以下哪一类型？

    1. 农村社区【请跳到30题】

    2. 村改居

    3. 城市社区【请跳至72题】

29. 哪一年改成居委会的？_____年。【请访员判断，如果是2009年及之后村改居的，请继续回答村委会的问题，否则，跳到第72题】

【农村社区（村委会）填答】

30. 本村有几个自然村？_____个。

31. 您村是否属于矿产资源区？   0. 否   1. 是

32. 该村是否是省定贫困村？   0. 否   1. 是

33. 村卫生室有几位乡村医生？ _____人。

34. 您村参加新型农村合作医疗的人数多少？ _____人。

35. 村委会所在地距最近的集镇的距离： _____公里。

36. 村委会所在地距县城（市区）的距离： _____公里。

37. 村委会所在地距省城的距离： _____公里。

38. 全村耕地总面积是多少？ _____亩。

39. 全村林地总面积是多少？ _____亩。

40. 全村桑园、茶园、果园总面积是多少？ _____亩。

41. 全村养殖水面总面积是多少？ _____亩。

42. 全村牧草地总面积是多少？ _____亩。

43. 本村是否属于某种地方病病（疫）区？

    1. 克山病   2. 大骨节病   3. 碘缺乏病

    4. 地方性氟中毒   5. 地方性砷中毒 6. 鼠疫

    7. 布氏杆菌病   8. 血吸虫病

    9. 其他【请注明】_____   10. 都不是

44. 最近五年内，本村是否遭遇过下列自然灾害？

1. 旱灾	1. 是	2. 否
2. 水灾	1. 是	2. 否
3. 植物病虫害	1. 是	2. 否
4. 冷冻（冻雨、雪灾等）	1. 是	2. 否
5. 干热风	1. 是	2. 否
6. 动物疫情	1. 是	2. 否
7. 泥石流或山体滑坡	1. 是	2. 否
8. 地震	1. 是	2. 否
9. 台风	1. 是	2. 否
10. 其他【请注明】_____	1. 是	2. 否

45. 全村劳动力总数：_____人。

46. 您村从事农业劳动的劳动力占劳动力总数的比例：_____%，其中女性的比重为：_____%

47. 本年内，外出打工时间超过 1 个月的劳动力数_____人。

48. 2011 年内，举家外迁的户数_____户。（全家搬到别的地方居住）

49. 目前，在您的村子里，父母都在外面打工而孩子留在家里的家庭大概有多少户？_____户。

50. 本村的农业生产主要是什么形式？

    1. 机械化生产为主   2. 人力、畜力为主

51. 去年，本村的粮食亩产多少公斤？   _____公斤。

52. 您村去年的农业总产值是：   _____万元。

53. 您村去年的非农业总产值是：   _____万元。

54. 本村去年的人均纯收入是：   _____元。

55. 目前，在您的这个村子里，帮别人干一天农活，工钱平均是多少？_____元/天。

56. 目前，在您的这个村子里，帮别人盖一天房子，工钱平均是多少？_____元/天。

57. 改革开放以来，本村一共进行过几次土地承包调整？_____次。

58. 本村现在是否有机动耕地？   0. 没有   1. 有

59. 村民外出务工后，他们的耕地一般是怎样耕种的？

    1. 由村集体负责协调耕种

    2. 村民自己安排耕种

    3. 其他【请注明】_____

60. 去年，本村的土地有没有无人耕种/撂荒的情况？   0. 没有 1. 有，大概有_____亩。

61. 近些年，有些地方把村民集中起来居住，将宅基地复垦为耕

地，本村是否有这种情况？　0. 没有　　1. 有

62. 如果有，最近三年，本村通过复垦的方式增加了多少亩新的耕地？_____亩。

63. 如果可能的话，您估计在您的村子，通过复垦的方式，还能增加多少亩新的耕地？_____亩。

64. 最近三年，本村通过开荒的方式增加了多少亩新的耕地？_____亩（没有填"0"）。

65. 最近三年，本村有多少亩耕地被转化为非农用地？_____亩（没有填"0"）。

66. 本村共有集体企业个数？_____个（没有填"0"）。

67. 本村集体企业的从业人数有多少？_____人。

68. 去年本村集体企业的销售收入一共是多少？_____万元。

69. 您村去年村财政的总收入为_____万元。

　　其中：村集体经济收入为_____万元。

　　　　　上级政府补贴或财政返还_____万元。

　　　　　其他_____万元。

70. 您村去年村财政的总支出为：_____万元。

　　其中：村行政支出_____万元。

　　　　　发放给村民_____万元。

　　　　　公共投资（学校、道路、水、电、煤气、上下水、农业水利等）_____万元。

　　　　　投资集体经济_____万元。

　　　　　其他_____万元。

71. 本村去年财政负债有多少？_____万元。

72. 整体来说，本村的经济发展水平相比三年之前，是提高了还是降低了？

　　1. 大幅提升　　2. 提高一些　　3. 基本持平　　4. 降低了

【被访对象信息】

73. 您的职务是：

    1. 主任   2. 会计

    3. 书记   4. 支部委员/社区干部

    5. 其他【请注明】_____

74. 您的政治面貌是：

    1. 中共党员   2. 民主党派   3. 无党派人士

    4. 团员   5. 群众

75. 您的受教育水平：

    1. 未上过学/扫盲班 2. 小学   3. 初中

    4. 高中   5. 职业高中/中专/技校

    6. 大专/高职   7. 大学本科   8. 研究生

访谈结束时间：_____年_____月_____日_____时_____分

【请访问员观察被访村/居如下情况】

76. 村/居经济状况：   很穷—1—2—3—4—5—6—7—很富

77. 村/居的环境卫生状况：很乱—1—2—3—4—5—6—7—整洁

78. 村/居的房屋建筑布局：凌乱—1—2—3—4—5—6—7—整齐

79. 村/居成员对陌生人的友好程度：不友好—1—2—3—4—5—6—7—友好

80. 被访者的普通话程度： 不会—1—2—3—4—5—6—7—流利

主要参考文献

［1］费孝通：《论小城镇建设》，群言出版社，2000 年。

［2］李强：《农民工与中国社会分层》，中国社会科学文献出版社，2004 年。

［3］顾朝林、于涛方、李王鸣等著：《中国城市化：格局・过程・机制》，科学出版社，2008 年。

［4］蔡禾主编：《城市社会学：理论与视野》，中山大学出版社，2003 年。

［5］中国发展研究基金会编：《中国发展报告 2010：促进人的发展的中国新型城市化战略》，人民出版社，2010 年。

［6］彼得・霍尔（Peter Hall）：《城市和区域规划》（邹德慈、李浩、陈熳莎译），中国建筑工业出版社，2008 年。

［7］迈克尔・M・塞尼：《移民与发展——世界银行移民政策与经验研究》（水库移民经济研究中心编译），河海大学出版社，1996 年。

［8］芒福德（Lewis Mumford）：《城市发展史》，中国建筑工业出版社，1989 年。

［9］管荣开：《农村工业发展与我国乡村城市化问题・中国城市化道路——思考与选择》，四川大学出版社，1988 年。

［10］辜胜阻：《中国跨世纪的改革与发展》，武汉大学出版社，1996 年。

［11］陈鸿彬主编：《农村城镇化研究、建设及管理》，中国环境科学出版社，2005 年。

［12］陈立新：《社会指标与社会协调发展》，湖南大学出版社，2005 年。

［13］陈丽华、苏新琴主编：《小城镇规划原理》，中国环境科学出版社，2007 年。

［14］陈玫君等：《中国城市化的先锋——深圳农村城市化的实践与创新》，经济科学出版社，2006 年。

［15］陈甫军、陈爱民：《中国城市化——实证分析和对策研究》，厦门大学出版社，2002 年。

［16］仇保兴：《中国城市化进程中的城市规划变革》，同济大学出版社，2005 年。

［17］丁成日：《城市经济与城市政策》，商务印书馆，2008 年。

［18］傅崇兰等：《中国城市发展问题报告》，中国社会科学出版社，2003 年。

［19］谷荣：《中国城市化公共政策研究》，东南大学出版社，2007 年。

［20］顾朝林等著：《经济全球化与中国城市化》，商务印书馆，1999 年。

［21］胡必亮、张晓山主编：《小城镇与区域一体化》，山西人民出版社，2002 年。

［22］胡顺延：《中国城镇化发展战略》，中共中央党校出版社，2002 年。

［23］黄小晶：《城市化进程中的政府行为》，中国财政经济出版社，2006 年。

［24］霍小平主编：《山地城镇规划理论与实践》，西北工业大学出版社，1999 年。

［25］简新华等：《中国工业化和城市化过程中的农民工问题研究》，人民出版社，2008 年。

［26］金兆森主编：《城镇规划与设计》，中国农业出版社，2005 年。

［27］孔凡文等：《中国城镇化发展速度与质量问题研究》，东南大学出版社，2006年。

［28］李津逵：《中国：加速城市化的考验》，中国建筑工业出版社，2008年。

［29］李树踪：《中国城市化与小城镇发展》，中国财政经济出版社，2002年。

［30］刘新卫、吴初国、张丽君：《中国城镇化健康发展的土地利用策略》，地质出版社，2008年。

［31］马宝平、张贡生：《中国特色城镇化论纲》，经济科学出版社，2008年。

［32］马春辉：《中国城市化问题论纲》，社会科学文献出版社，2008年。

［33］牛文元主编：《中国新型城市化报告2009》，科学出版社，2009年。

［34］盛广耀：《城市化模及其转变研究》，中国社会科学出版社，2008年。

［35］施国庆、陈绍军等：《中国移民政策研究与实践》，宁夏人民出版社，2001年。

［36］宋戈：《中国城镇化过程中土地利用问题研究》，中国农业出版社，2005年。

［37］宋建钢：《宁夏现代城市化研究》，宁夏人民出版社，2006年。

［38］汪光焘：《中国城市规划理念：继承·发展·创新》，中国建筑工业出版社，2008年。

［39］王宁主编：《城镇规划与管理》，中国物价出版社，2002年。

［40］王颖：《城市社会学》，三联出版社，2005年。

［41］王春光：《社会流动与社会重组构》，浙江人民出版社，1995年。

［42］王梦奎等：《中国特色城镇化道路》，中国发展出版社，

2004 年。

[43] 邬卜才等主编:《面向二十一世纪的小城镇发展—苏州小城镇建设的理性思考》,国家行政学院出版社,1999 年。

[44] 谢文蕙、邓卫:《城市经济学》,清华大学出版社,1996 年。

[45] 严书翰等:《中国城市化进程——全面建设小康社会研究报告集》,中国水利水电出版社,2006 年。

[46] 于静:《农村城镇化发展中的产权制度研究》,中国商业出版社,2006 年。

[47] 张沛:《城市发展的空间经济分析》,陕西师范大学出版社,1997 年。

[48] 张敦富主编:《中国区域城市化道路研究》,中国轻工业出版社,2008 年。

[49] 张鸿雁等:《循环型城市社会发展模式——城市可持续新战略》,东南大学出版社,2007 年。

[50] 张一民:《论中国的新型工业化与城市化》,东北财经大学出版社,2004 年。

[51] 赵和生:《城市规划与城市发展》,东南大学出版社,2005 年。

[52] 郑杭生、李强等:《社会指标理论研究》,中国人民大学出版社,1989 年。

[53] 郑立波:《中国城市郊区化动力机制研究》,经济科学出版社,2008 年。

[54] 郑新立等:《破解"三农"难题路径:浙江农村调查——具有中国特色的农村工业化、城镇化道路》,中国市场出版社,2005 年。

[55] 郑也夫:《城市社会学》,中国城市出版社,2002 年。

[56] 朱宝树:《城市化再推进和劳动力再转移》,华东师范大学出版社,2002 年。

[57] 邹经宇等主编:《永续·和谐:快速城镇化背景下的住宅与人居环境建设:第六届中国城市住宅研讨会论文集》,中国城市出

版社，2007年。

[58] 邹军等编著：《城镇体系规划》，东南大学出版社，2002年。

[59] 唐茂华：《中国不完全城市化问题研究》，经济科学出版社，2009年。

[60] 建设部课题组：《新时期小城镇发展研究》，中国建筑工业出版社，2007年。

[61] 盛广耀：《城市化模式及其转变研究》，中国社会科学出版社，2008年。

[62] 殷丰毅：《区域发展与政策》，社会科学出版社，2011年。

[63] 辜胜阻：《人口流动与农村城镇化战略管理》，华中理工大学出版社，2000年。

[64] 李强：《影响中国城乡流动人口的推力与拉力因素分析》，载于《中国社会科学》，2003年第1期。

[65] 李强：《中国城市农民工的职业流动》，载于《中国社会科学》（英文版），2000年第4期。

[66] 李路路：《向城市移民：一个不可逆转的过程》，《民工流动：现状趋势与政策》（研讨会论文），http：//www. sociology. cass. cn/shxw/shld/t20040525_2160. htm，2012年3月10日。

[67] 姜爱林：《城镇化的模式问题研究》，载于《城市经济、区域经济》，2002年第12期。

[68] 盛广耀：《中国城市化模式的反思与转变》，载于《经济纵横》，2009年第9期。

[69] 王思斌：《我国小城镇发展的制度分析》，载于《社会学研究》，1997年第5期。

[70] 赵钢：《城乡整体生长空间的规划建设策略》，载于《城市发展研究》，2004年第1期。

[71] 李培林：《巨变：村落的终结——都市里的村庄研究》，载于《中国社会科学》，2002年第1期。

［72］方创琳：《改革开放 30 年来中国的城市化与城镇发展》，载于《经济地理》，2009 年第 1 期。

［73］谢志强、姜典航：《城乡关系演变：历史轨迹及其基本特点》，载于《中共中央党校学报》，2011 年第 4 期。

［74］魏后凯：《"十一五"时期中国区域政策的调整方向》，载于《学习与探索》，2006 年第 1 期。

［75］纪泽民：《新农村建设背景下的小城镇发展战略分析》，载于《农村经济》，2007 年第 2 期。

［76］孔凡文、徐玉梅：《论中国小城镇发展速度与质量》，载于《农业经济》，2007 年第 10 期。

［77］吴康、方创琳：《新中国 60 年来小城镇的发展历程与新态势》，载于《经济地理》，2009 年第 10 期。

［78］罗宏翔、何卫东：《建制镇人口规模的演变》，载于《人口学刊》，2001 年第 1 期。

［79］施秧秧、吴宇哲、张奇：《主体功能分区战略角度的中国城市化研究审视》，载于《西北农林科技大学学报（社会科学版）》，2008 年第 8 卷第 6 期。

［80］殷广卫、薄文广：《基于县级城市的城乡一体化是我国城市化道路的一种政策选择》，载于《中国软科学》，2011 年第 8 期。

［81］张建华、洪银华：《都市圈内的城乡一体化》，载于《经济学家》，2007 年第 1 卷第 5 期。

［82］肖冰：《跨越发展——解读温家宝观察中关村讲话中》，载于《中国高新区》，2005 年第 7 期。

［83］简新华：《论中国特色的城镇化道路》，载于《发展经济学研究》（第二辑），经济科学出版社，2005 年。

［84］辜胜阻：《中国自下而上的城镇化发展研究》，载于《中国人口科学》，1998 年第 3 期。

［85］曾群华、徐长乐、武文霞、蔡琴：《人口发展功能分区与

主体功能分区的比较研究》，载于《人口与经济》，2010 年第 1 期。

[86] 樊杰：《我国主体功能区划的科学基础》，载于《地理学报》，2007 年第 4 期。

[87] 刘耀彬、陈志、杨益明：《中国省区城市化水平差异原因分析》，载于《城市问题》，2005 年第 1 期。

[88] 曹裕等：《城市化、城乡收入差距与经济增长》，载于《统计研究》，2010 年第 3 期。

[89] 马侠：《工业人口、国民生产总值与城市发展》，载于《中国社会科学》，1987 年第 5 期。

[90] 姚士谋、李青、武清华、陈振光、张落成：《我国城市群总体发展趋势与方向初探》，载于《地理研究》，2010 年第 29 卷第 8 期。

[91] 方创琳：《中国城市群形成发育的新格局及新趋势》，载于《地理科学》，2011 年第 31 卷第 9 期。

[92] 顾益康：《对乡镇企业——小城镇道路的历史批判》，载于《农村经济问题》，1989 年第 3 期。

[93] 吴良镛等：《从世界城市化大趋势看中国城市化发展》，载于《科学新闻》，2003 年 9 月 19 日。

[94] 何念如、吴煜：《中国当代城市化理论研究》，上海人民出版社，2007 年。

[95]《牛津高阶英汉双解词典》（第四版），商务印书馆、牛津大学出版社，1997 年。

[96] 辜胜阻：《非农化及城镇化理论与实践》，武汉大学出版社，1999 年。

[97] 薛凤旋：《1949～1979 年中国城镇化的经验与特色》，载于《当代中国史研究》，2013 年第 4 期。

[98] 段成荣、杨舸、张斐、卢雪和：《改革开放以来我国流动人口变动的九大趋势》，载于《人口研究》，2008 年第 32 卷第 6 期。

[99] 邹湘江：《基于"六普"数据的我国人口流动与分布分》，

载于《人口与经济》，2011 年第 6 期。

[100] 李培：《中国城乡人口迁移的时空特征及其影响因素》，载于《经济学家》，2009 年第 1 期。

[101] 蔡昉等：《户籍制度与劳动力市场保护》，载于《经济研究》，2001 年第 12 期。

[102] 陈炳欣、叶裕民：《中国流动人口的主要特征及对中国城市化的影响》，载于《城市问题》，2013 年第 3 期。

[103] 刘彦随、刘玉、翟荣新："中国农村空心化的地理学研究与整治实践"，载于《地理学报》，2009 年第 64 卷第 10 期。

[104] 张陆红：《城镇化与资源环境协调发展的思考》，载于《中国管理信息化》，2011 年第 23 期。

[105] 叶德文、郑昭团：《加快城镇生态环境建设　促进城镇化的可持续发展》，载于《福建环境》，2002 年第 1 期。

[106] 万军、于雷、吴舜泽、吕红迪：《城镇化：要速度更要健康——建立城市生态环境保护总体规划制度探究》，载于《环境保护》，2012 年第 11 期。

[107] 俞可平：《社会公平和善治是建设和谐社会的两大基石》，载于《中国特色社会主义研究》，2005 年第 1 期。

[108] 王成新、方青青等：《高速公路与城镇发展论》，山东大学出版社，2008 年。

[109] [美] 塞缪尔·P. 亨廷顿著，王冠华、刘为等译：《变化社会中的政治秩序》，上海世纪出版集团，2008 年。

[110] 周勇、邓子纲：《中国快速城镇化进程中的四大风险》，载于《江淮论坛》，2015 年第 1 期。

[111] [日] 山鹿城次：《城市地理学》，湖北教育出版社，1986 年。

[112] 许学强等：《现代城市地理学》，中国建筑工业出版社，1988 年。

［113］康就升：《中国城市化道路研究概述》，载于《学术界动态》，1990 年第 6 期。

［114］李克强：《新型城镇化的核心是人 必须保护农民利益》，http：//www. legaldaily. com. cn/zt/content/2013 － 03/17/content ＿ 4280838. htm？ node ＝ 42296。

［115］《国家中长期教育改革和发展规划纲要（2010 ～ 2020年）》，http：//www. moe. edu. cn/publicfiles/business/htmlfiles/moe/moe_177/201008/93785. html/2014 － 05 － 10。

［116］《把培养青年农民纳入国家实用人才培养计划》，http：//www. farmer. com. cn/xwpd/rdjj1/201312/t20131225_927005. htm.

［117］《国家统计局发布 2012 年全国农民工监测调查报告》，http：//www. gov. cn/gzdt/2013 － 05/27/content_2411923. htm/2014 － 03 － 08.

［118］《新型城镇化建设需要职业教育支撑》，http：//finance. sina. com. cn/roll/20140526/103019225201. shtml.

［119］鲁昕：《职业教育的强国战略》，高等教育出版社，2011 年。

［120］黄永秀、朱福荣、朱德全：《城乡职业教育一体化发展的保障机制研究》，载于《职教论坛》，2012 年第 16 期。

［121］张亚、邱雪梅：《农村职业技术教育经费投入探讨》，载于《经济师》，2010 年第 1 期。

［122］教育部：《国家中长期教育改革和发展规划纲要（2010 ～ 2020年）》，http：//www. moe. edu. cn/publicfiles/business/htmlfiles/moe/moe ＿ 838/201008/9370. html.

［123］农业部：《全国农民教育培训"十二五"发展规划》，http：//www. moa. gov. cn/govpublic/KJJYS/201201/t20120105_2451706. htm？ keywords ＝％ E5％ 8D％ 81％ E4％ BA％ 8C％ E4％ BA％ 94.

［124］人力资源社会保障部：《农民工职业技能提升计划——"春潮行动"实施方案》，http：//www. mohrss. gov. cn/SYrlzyhshbzb/ldbk/rencaiduiwujianshe/jinengrencai/201404/t20140404_127833. htm.

[125] 教育部：《教育部工作要点》，http：//moe. edu. cn/src-site/A02/s7049/201602/t20160205_229509. html.

[126] 江易华：《新型城镇化背景下农村职教发展的现实依据及其路径》，载于《职教论坛》，2014 年第 25 期。

[127] 陆学艺、张厚义：《农民的分化、问题及对策》，载于《农业经济问题》，1990 年第 1 期。

[128] 宋镇修：《中国农村社会学》，黑龙江人民出版社，1989 年。

[129] 姜长云：《农村非农化过程中农户（农民）分化的动态考察》，载于《中国农村经济》，1995 年第 9 期。

[130] 傅晨、任辉：《农业转移人口市民化背景下农村土地制度创新的机理：一个分析框架》，载于《经济学家》，2014 年第 3 期。

[131] 国家统计局：《2012 年农民工监测调查报告》，http：//www. stats. gov. cn/tjsj/zxfb/201305/t20130527_12978. html.

[132] 李正风、刘小玲、王凌晶：《关于提高我国全民科学素质的战略思考》，载于《中国软科学》，2005 年第 4 期。

[133] 马建富：《新型城镇化进程中的农村职业教育发展》，载于《教育发展研究》，2013 年第 11 期。

[134] 国家统计局：《第二次农业普查主要数据公报（第 5 号）》，2008 年 2 月 27 日。

[135] 新华网：《2015 年中央一号文件公布　加大改革创新力度推进农业现代化》，http：//news. xinhuanet. com/politics/2015 – 02/01/c_1114210076. htm.

[136] 胡遥虹：《邓小平与中国经济体制改革》，载于《特区经济》，2015 年第 4 期。

[137] 何朝银：《人口流动与当代中国农村社会分化》，载于《浙江社会科学》，2006 年第 3 期。

[138] 吴林玲、魏文迪：《农民分化对新农村建设的影响分析》，载于《沈阳大学学报》，2009 年第 3 期。

[139] 曹晔:《基于就业格局的农民工培训制度设计》,载于《职教论坛》,2014年第4期。

[140] 谢建社:《农民工分层:中国城市化思考》,载于《广州大学学报(社会科学版)》,2006年第10期。

[141] 李蕾:《城市农民工阶层化问题探讨》,载于《中国劳动关系学院学报》,2009年第8期。

[142] 宫敏燕:《论城镇化背景下农民阶层的分化与整合》,载于《中共福建省党校报》,2013年3月15日。

[143] 孔繁金:《农村阶层分化对和谐社会构建的影响》,载于《理论探讨》,2007年第4期。

[144] 朱静:《社会结构中流动人口的阶层地位分析》,载于《中州学刊》,2010年第9期。

[145] 张洪伟、金卓:《我国农村阶层分化的历史变迁及其特点》,载于《理论探索》,2011年第3期。

[146] 孙晓芳:《农村剩余劳动力"浮萍式"转移问题研究——基于农村流动人口社会认同调查》,载于《理论探讨》,2011年第2期。

[147] 罗丹丹:《流动人口对城市社区阶层化发展趋势的影响研究》,载于《社会研讨》,2011年第6期。

[148] 陈成文、罗忠勇:《土地流转:一个农村阶层结构再构过程》,载于《湖南师范大学社会科学学报》,2006年第7期。

[149] 龚维斌:《我国农民群体的分化及其走向》,载于《国家行政学院学报》,2007年第1期。

[150] 秦琴:《转型期农村社会分层研究综述》,载于《上海大学学报(社会科学版)》,2005年第7期。

[151] 杜旻:《流动人口社会阶层结构及地区差异》,载于《西北人口》,2003年第3期。

[152] 朱力:《农民工阶层的特征与社会地位》,载于《南京大学学报》,2003-9-21.

[153] 李强：《当前我国社会分层结构变化的新趋势》，载于《社会学研究》，2004 年第 6 期。

[154] 姚婷、曾亿武：《我国农民阶层分化的特点及其发展趋势》，载于《经济与管理》，2013 年第 4 期。

[155] 杨磊：《基于 VAR 模型的城乡劳动力流动与城镇失业的关系研究》，载于《劳动力流动》，2004 年第 3 期。

[156] 王春光：《人力资本的获得与农村流动人口的社会流动——一种立足于制度视角的分析》，载于《北京工业大学学报（社会科学版）》，2007 年第 10 期。

[157] 辜胜阻、郑凌云、易善策：《新时期城镇化进程中的农民工问题与对策》，载于《中国人口、资源与环境》，2007 年第 1 期。

[158] 韩建民、马子量：《时期城镇贫困群体演化趋势研究——城镇中农村流动人口的贫困问题分析》，载于《宁夏社会科学》，2007 年第 7 期。

[159] 陈柏峰：《土地流转对农民阶层分化的影响——基于湖北省京山县调研的分析》，载于《中国农村观察》，2009 年第 4 期。

[160] 林耿、王炼军：《阶层化背景下的就业空间——以常住人口与流动人口为例》，载于《地理研究》，2010 年第 6 期。

[161] 朱静：《社会结构中流动人口的阶层地位分析》，载于《中州学刊》，2010 年第 10 期。

[162] 李路路：《论社会分层研究》，载于《社会学研究》，1999 年第 1 期。

[163] 牛喜霞、谢建社：《农村流动人口的阶层化与城市融入问题探讨》，载于《浙江报》，2007 年第 6 期。

[164] 何朝银：《山东地区农村社会分层的个案研究》，载于《浙江社会科学》，2006 年第 3 期。

[165] Song SZKH. 2003. *Rural-urban migration and urbanization in China：Evidence from time-series and cross-section analyses*, China Eco-

nomic Review, 14 (3).

[166] Findley S E. 1987. *Rural Development and Migration*: *A Study of Family Choices in the Philippines*, London: Westview Press.

[167] FrankParkin, 1974. *The Social Analysis of Class Structure London*: Tavistock Publication.

[168] Shaw RP. 1975. *Migration Theory and Fact* . Regional Science Research Institute.

[169] Courgegu D. 1995. *Migration Theories and Behavioral Models*, International Journal of Population Geography.

[170] Xie Jin Yu, 1992. *Comparative Studies on the Spontaneous and Planned Rural Urban Migrants in China* , China City Planning Review.

[171] Lewis A. 1954. *Economic Development with Unlimited Supplies of Labor*, Manchester School, 22 (3).

[172] Cook S. 1996. *Employment and Income Distribution in Rural China*: *Household Responses to Market Transition*, Harvard: Harvard University.

[173] Wlliam Mcguire B F I S. 2009. *Off-Farm Employment Opportunities and Educational Attainment in Rural China.*

[174] Arunava Bhattacharyya E P. 1999. *Labor productivity and migration in Chinese agriculture A Stochastic frontier approach*, China Economic Review, (10).

[175] Knight J S L. 1996. *Chinese peasant choices*: *migration*, *rural industry or farming*, Institute of Economics and Statistics .

[176] J T. 1988. *Rural employment trends and the legacy of surplus labour*, 1978 – 1986, China Quarterly, (139).

[177] Arunava Bhattacharyya E P. 1999. *Labor productivity and migration in Chinese agriculture A stochastic frontier approach*, China Economic Review, (10).

[178] Rozelle A Z C E. 2004. *Migration and Local Off-Farm Working In Rural China*: American Agricultural Economics Association Annual Meeting, Denver, U. S. A.

[179] Hare D. 2002, *The Determinants of Job Location and Its Effect on Migrants' Wages*: *Evidence from Rural China* , Economic Development and Cultural Change.

[180] Stark O. 1991. *Path Dependence and Societies Strategies in Eastern Europe*, East European Politics and Societies, (6).

[181] Yao Y. 2001. *Egalitarian Land Distribution and Labor Migration in Rural China.*

[182] Zhao Y. 2001. *The Role of Migrant Networks in Labor Migration*: *The Case of China.*

[183] Roberts K. 2001. *The determinants of job choice by rural labor migrants in Shanghai*, China Economic Review, (12).

[184] Louis Wirth. 1989. *Urbanism as a Way of Life*, American Journal of Sociology, (49).

[185] Fishman R. 2000. *Cities in the 21st Century. Washington D. C*: *Urban and Institute.*

[186] Scott A J. 2001. *Global City*: *Regions*: *Trend, Theory. Policy. Oxford. UK*: Oxford University Press.

[187] King L J, Golledge R G. 1978. *Cities, space and behavior*: *the elements of urban geography*, Englewood Cliffs, NJ: Prentice Hall.

[188] Perroux Francois, 1950. *Economic Space*: *Theory and Applications*, Quarterly Journal of Economics, Vol. 64 (1).

[189] Berry, B. J. L. 1967. *Geography of Market Centers and Retail Distribution*, Prentiee-Hall, Englewood Cliffs, New Jersey.

[190] Cannon T, Jenkins A. 1990. *The Geography of Contemporary China.* London: Routledge.

［191］ Friedmann J. 2006. *Four theses in the study of China's urbanization*. International Journal of Urban and Regional Research, 30 （2）.

［192］ Fan C C. 2002. *Population change and regional development in China: insights based on the* 2000 *census*. Eurasian Geography and Economics, 43 （6）.

［193］ Gilbert, A. and Gugler J. 1992. *Cities, Poverty, and Development: urbanization in the world*, Oxford University Press, Oxford.

［194］ Johnson, E. A. J. 1990. *The Organization of Space in Developing Countries*, Harvard University Press, Cambridge, Mass.

［195］ Kirkby R J R. 1985. *Urbanization in China: town and country in a developing economy* 1949 – 2000 *AD*. Worcester: Billing & Sons Limited.

［196］ Krisiti Branch Douglas Hooper, 1984. *Guide to Social Assessment: A Framework for Assessing Social Change*, Westview Press.

［197］ Marton A. 2000. China's Spatial Economic Development: Restless Landscape in the Lower Yangtze Delta. London: Routledge.

［198］ Mara, K. 1973. *On the Urban Agglomeration and Economic Efficiency, Economic Development And Cultural Change*, Vol. 21, No. 2, January.

［199］ Myrdal, G. 1968. *Asian Dram: An Inquiry into the Poverty of Nations*, Pantheor, NewYork.

［200］ Pannell C. 2003. *China's demographic and urban trends fou the* 21*st century*. Eurasian Geography and Economics, 44 （7）.

［201］ Shen J F. 2005. *Counting urban population in Chinese censuses* 1953 – 2000: *changing definitions, problems and solutions*. Population, Space and Place, 11 （5）.

［202］ Shen J F. 2002. *A Study of the temporary population in Chinese cities*. Habitat International （26）.

［203］ Shen J F, Huang, Y. 2003. *The working and living space of* the 《floating population》 in China. Asia Pacific Viewpoint, 44 (1).

[204] Tang A. 1984. *An Analytical and Empirical Investigation of Agriculture in Mainland China.* Taipei: Chun-hua institute four economic research.

[205] United Nations Transnational Corporations and Management Division, 1992. *Environmental Accounting: Current Issues.* New York: United Nations.

[206] Young D, Deng H. 1998. *Urbanization, agriculture and industrialization in China*, 1952 – 1991. Urban Studies, 35 (9).

[207] Zhang K H. 2002. *What explains China's rising urbanization in the reform era?* Urban Studies, 39 (12).